金陵全書

乙編·史料類

南京工部職掌條例
南京五城察院職掌志
明南京車駕司職掌

（明）劉安 纂

（明）施沛 撰

（明）祁承㸁 編

南京出版社
南京出版傳媒集團

圖書在版編目（CIP）數據

南京工部職掌條例 /（明）劉安纂. 南京五城察院職掌志 /（明）施沛撰. 明南京車駕司職掌 /（明）祁承㸁編. -- 南京：南京出版社，2016.5
（金陵全書）
ISBN 978-7-5533-1290-3

Ⅰ. ①南… ②南… ③明… Ⅱ. ①劉… ②施… ③祁… Ⅲ. ①官制－史料－南京市－明代 Ⅳ. ①D691.42

中國版本圖書館CIP數據核字（2016）第071035號

書　　名　【金陵全書】（乙編・史料類）
　　　　　南京工部職掌條例　南京五城察院職掌志　明南京車駕司職掌
編 著 者　（明）劉安　纂　（明）施沛　撰　（明）祁承㸁　編
出版發行　南京出版傳媒集團
　　　　　南 京 出 版 社
　　　　　社址：南京市太平門街53號　郵編：210016
　　　　　網址：http://www.njcbs.cn　電子信箱：njcbs1988@163.com
　　　　　淘寶網店：http://njpress.taobao.com　天猫網店：http://njcbcmjtts.tmall.com
　　　　　聯系電話：025-83283871、83283864（營銷）　025-83112257（編務）

出 版 人　朱同芳
出 品 人　盧海鳴
責任編輯　張　晶
裝幀設計　楊曉崗
責任印制　楊福彬

製　　版　南京新華豐製版有限公司
印　　刷　南京凱德印刷有限公司
開　　本　889毫米×1194毫米　1/16
印　　張　44.5
版　　次　2016年5月第1版
印　　次　2016年5月第1次印刷
書　　號　ISBN 978-7-5533-1290-3
定　　價　1300.00元

淘寶網店　天猫網店

總序

南京，俗稱金陵，中國著名的四大古都之一，是國務院首批公佈的國家歷史文化名城。

南京有着六十萬年的人類活動史，近二千五百年的建城史，約四百五十年的建都史，享有『六朝古都』『十朝都會』的美譽。南京歷史的興衰起伏在某種程度上可以説是中國歷史的一個縮影。在中華民族光輝燦爛的歷史長河中，古聖先賢在南京創造了舉世矚目、富有特色的六朝文化、南唐文化、明文化和民國文化，爲中華民族文化的傳承和發展作出了不朽貢獻。然而，由於時代的遞遷、戰爭的破壞以及自然的損毁等原因，歷史上南京的輝煌成就以物質文化形態留存下來的相對較少，見諸文獻典籍的則相對較多。南京文獻内涵廣博，卷帙浩繁，版本複雜。截至一九四九年中華人民共和國成立，南京文獻留存下來的有近萬種，在全國歷史文化名城中名列前茅。以六朝《世説新語》《文心雕龍》《昭明文選》，唐朝《建康實録》，宋朝《景定建康志》《六朝事迹編類》，元朝《至正金陵新志》，明朝《洪武京城圖志》《金陵古今圖考》《客座贅語》，清朝《康熙江寧府志》《白下瑣言》，民國《首都計劃》《首都志》《金陵古蹟圖考》等爲代表的南京地方文獻，不僅是南京文化的集中體現，也是中華民族優秀傳統文化的重要組成部分。這些南京文獻，積澱貯存了歷代南京人民的經驗和智慧，翔實地反映了南京地區的社會變遷，是研究南京乃至全國政治、經濟、軍事、文化、外交和民風民俗的重要資料。

歷史上的南京文化輝煌燦爛，各類圖書典籍琳琅滿目。迄今爲止，南京文獻曾經有過三次不同程度的整理。

第一次是距今六百多年前的明朝永樂年間，明朝中央政府在南京組織整理出版了《永樂大典》。《永樂大典》正文二萬二千八百七十七卷，凡例和目録六十卷，分裝成一萬一千零九十五册，總字數約三億七千萬字。書中保存了中國上自先秦、下迄明初的各種典籍資料達七八千種，是中國古代最大的類書。

第二次是民國年間，南京通志館編印了一套《南京文獻》。《南京文獻》每月一期，從一九四七年元月至一九四九年二月共刊行了二十六期，收入南京地方文獻六十七種，包括元明清到民國各個時期的著作，其中收録的部分民國文獻今天已經成爲絶版。

第三次是二〇〇六年以來，南京出版社選取部分南京珍貴文獻，整理出版了一套《南京稀見文獻叢刊》點校本，到二〇一三年初，已經出版了三十六册七十一種，時代上起六朝，下迄民國，在學術普及方面作出了一定的貢獻。

新中國成立六十年來，尤其是改革開放三十年來，南京的政治、經濟、文化建設飛速發展，但南京文獻的全面系統整理出版工作一直没有得到應有的重視，這與南京這座國家歷史文化名城的地位頗不相稱。據調查，目前有關南京的各類文獻主要保存在南京圖書館、南京市檔案館，以及全國各地的高等院校、科研院所、圖書館、檔案館、博物館，少數流散於民間和國外。一方面，廣大讀者要查閲這些收藏在全國各地的南京文獻殊爲不便；另一方面，許多珍貴的南京文獻隨着歲月的流逝而瀕臨損毁和失傳。南京文獻的存史、資治、教化、育人功能没有得到應有的發揮。

盛世修史（志）。在中華民族和平崛起和大力弘揚民族傳統文化、全力發展民族文化事業的大背景下，在建設『文化南京』的發展思路下，中共南京市委、南京市人民政府於二〇〇九年十二月作出決定，將南京有史以來的地方文獻進行全面系統的匯集、整理和影印出版，輯爲《金陵全書》（以下簡稱《全書》），以更好地搶救和保護鄉邦文獻，傳承民族文化，推動學術研究，促進南京文化建設；同時，也更爲有効地增加南京文獻存世途徑，提昇南京文獻地位，凸顯南京文獻價值。

爲編纂出能够代表當代最高學術水平和科技成就，又經得起時間檢驗的《全書》，我們將編纂工作分成三個階段進行。第一個階段爲調研階段，主要對南京現存文獻的種類、數量、保存現狀以及收藏地點等進行深入細緻的調研，召集專家學者多次進行學術論證和可操作性論證，撰寫出可行性調查報告，爲科學決策提供依據，此項工作主要由中共南京市委宣傳部和南京出版社組織完成。第二個階段爲啓動階段，以二〇〇九年十二月二十四日召開的『《金陵全書》編纂啓動工作會』爲標志，市委主要領導親自到會動員講話，市委宣傳部對《全書》的編纂出版工作作了明確部署。在廣泛徵求專家學者意見的基礎上，確定了《全書》的總體框架設計，確定了將《全書》列爲市委宣傳部每年要實施的重大文化工程，確定了主要參編責任單位和責任人，並分解了任務。第三個階段爲編纂出版階段，主要在全國範圍内進行資料的徵集、遴選和圖書的版式設計、複製、排版及印製工作。

爲了確保《全書》編纂出版工作的順利進行，中共南京市委、南京市人民政府成立了專門的編纂出版組織機構。其中編輯工作領導小組，由中共南京市委、市政府領導以及相關成員單位主要負責人組成；《全書》的編纂出版工作由市委宣傳部總牽頭；學術指導委員會，由蔣贊初、茅家琦、梁白泉等一批全國著名的專家學者組成，負責《全書》的學術審核和把關。

《全書》分爲方志、史料和檔案三大類。自二〇一〇年起，計劃每年出版四十册左右。鑒於《全書》的整理出版工作難度較大，周期較長，在具體操作中，我們採取了分工協作的方式。市委宣傳部和南京出版社負責《全書》的總體策劃，其中方志部分，主要由南京市地方志編纂委員會辦公室和南京出版傳媒集團·南京出版社共同承擔；史料部分，主要由南京圖書館承擔；檔案部分，主要由南京市檔案局（館）承擔。《全書》的編輯出版，得到了江蘇省文化廳、江蘇省新聞出版局、江蘇省檔案局（館）、南京大學、南京圖書館、南京市文廣新局、南京市社科聯（社科院）、南京市文聯、金陵圖書館以及各區委宣傳部和地方志辦公室等單位及社會各界的熱情鼓勵和大力支持，尤其是得到了中國國家圖書館和全國各地（包括港臺地區）高等院校、科研院所、圖書館、檔案館、博物館等藏書單位的鼎力相助，在此表示深深的謝意！

我們相信，在中共南京市委、南京市人民政府的長期不懈支持下，在各部門、各單位的積極配合和衆多專家學者的共同努力下，這項功在當代、利在千秋的傳世工程一定能够圓滿完成。

《金陵全書》編輯出版委員會

凡例

一、《金陵全書》（以下簡稱《全書》）收録的南京文獻，依内容分爲方志、史料和檔案三大類。

二、《全書》按上述三大類分爲甲、乙、丙三編，以不同的封面顔色加以區分；每編酌分細類，原則上以成書時代爲序分爲若幹册，依次編列序號。

三、《全書》收録南京文獻的範圍，以二〇一三年南京市所轄十一區，即玄武、秦淮、建鄴、鼓樓、浦口、六合、棲霞、雨花臺、江寧、溧水和高淳爲限。

四、《全書》收録的南京文獻，其成書年代的下限爲一九四九年。

五、《全書》收録方志和史料，盡量選用善本爲底本。《全書》收録的檔案以學術價值和實用價值較高爲原則，一般選用延續時間較長、相對比較完整的檔案全宗。

六、《全書》收録的南京文獻底本如有殘缺、漫漶不清等情況，必要時予以配補、抽换或修描，以保證全書完整清晰；稿本、鈔本、批校本的修改、批注文字等均保留原貌。

七、《全書》收録的南京文獻，每種均撰寫提要，置於該文獻前，以便讀者了解其作者生平、主要内容、學術文化價值、編纂過程、版本源流、底本採用等情况。

八、《全書》所收文獻篇幅較大時，分爲序號相連的若幹册；篇幅較小的文獻，則將數種合編爲一册。

九、《全書》統一版式設計，大部分文獻原大影印；對於少數原版面過大或過小的文獻，適當進行縮小或放大處理，並加以説明。

十、《全書》各册除保留文獻原有頁碼外，均新編頁碼，每册頁碼自爲起訖。

總目録

金陵全書

乙編·史料類

南京工部職掌條例

(明)劉安纂

南京出版社
南京出版傳媒集團

提要

《南京工部職掌條例》五卷，明劉安纂。

劉安，字汝勉，慈溪人，嘉靖五年（一五二六）進士，授南京工部營繕司主事，嘉靖八年九月改河南道御史。累遷長沙同知，平寧鄉寇有功，擢鳳陽知府，賜正三品服，以憂歸卒。

永樂遷都之後，兩京并建，六部職掌始分，且隨時損益更改，有異于國初。弘治年間，孝宗命儒臣整理諸司職掌，然獨詳于北京工部。《南京工部職掌條例》纂于嘉靖六年，提議者為南京工部右侍郎何瑭。何瑭，字粹夫，其先揚州如皋人，明初隸河南懷慶衛籍。弘治十五年（一五〇二）進士，選翰林院庶吉士，弘治十七年授編修，嘉靖三年陞南京太常寺少卿，六年陞本寺正卿，秋陞南京工部右侍郎署印。因南京工部職掌記載不備，行止無所考證，何瑭深以為病，乃屬營繕司主事劉安等輯南京工部職掌條例，自為一書，以備檢閱。本書卷前有嘉靖七年何瑭序文，敘成書始末，卷後載嘉靖八年南京兵部右侍郎萬鏜撰後序。萬鏜，字仕鳴，號治齋，進賢人，弘治十八年（一五〇五）進士，嘉靖三年丁外艱，服闋仍補順天尹，秩滿陞南京都察院右副都御史，尋遷南京兵部右侍郎。嘉靖八年夏署南京工部篆，營繕主事劉安出此書，遂識其後。

《南京工部職掌條例》五卷，卷一工部、營繕清吏司；卷二虞衡清吏司；卷三都水清吏司；卷四屯田清吏司；卷五營繕所、文思院、皮作局、寶源局、鞍轡局、顔料局、軍器局、龍江提舉司、清江提舉司、龍江抽分竹木局、瓦屑壩抽分竹木局、大勝港抽分竹木局、各廠。對于工部四司職掌，又以科為綱進行匯纂。其中營繕清吏司下設内房科、外房科、雜科、遞發科、匠科、北京科及架閣庫；虞衡清吏司下設採捕科、軍器科、窯治科、匠科、囚科、俸糧科；都水清吏司下設河防科、織造科、匠科、雜科；屯田清吏司下設屯種科、匠科、雜科、俸糧科、囚科、勘合科及架閣庫。編纂者對各科人員設置、職掌范圍、辦事流程、條例演變分條匯總，并抄録了部分工部官員奏議與圣旨。這一體例與《大明會典》及《工部廠庫須知》皆不同，更為清晰地反映了南京工部内機構設置、職能分工及與其他官署之協作方式。卷五則詳載南京工部下轄各官營工廠坐落、規模、作頭人數等。該書是研究明代南京工部制度及其沿革的重要史料。此外，書中涉及之各色毛皮、五金、胖襖等物料折價，修造船隻物料價格，抽分局竹、木、蘆柴類抽分額等，為明中期物價研究提供了參考。南京工部與上元、江寧二縣鋪戶之關係，也反映了城市供役與鋪戶當行買辦的情況。

《南京工部職掌條例》成書後，曾于萬曆年間做過一次增補。據卷五『新廠』條記載，萬曆九年（一五八二）十二月，南京工部尚書楊成諭令屯田清吏司清查原設各廠塌荒官地畝數，并軍民佃種情況。後將倒塌年久之馬槽廠、紅土廠、竹片廠、工部廠、石灰廠之坐落方位與承佃人戶等信息添加于書後。

《南京工部職掌條例》有國家圖書館藏清抄本，原書無頁碼，有少量缺頁。《金陵全書》收録的《南京工部職掌條例》以國家圖書館藏清抄本為底本影印出版。

羅曉翔

南京工部職掌條例序

先儒有言有治道有治法自修身齊家以至乎治國平天下莫不各有當然之理是之謂道修齊治平之間事物之區分體統之相蒞莫不各有可據之則是之謂法非道無以立法非

法無以顯道蓋二而一者也先王之
道其詳不可見矣所可攷者莫過於
周禮一書六卿分職各率其屬大小
相維體統不紊先王之法大略可見
而道在其中矣我
太祖高皇帝稽古建官設六部以紀綱

天下之治事物之區分體統之相蒞具載于諸司職掌一書蓋與周之六典異世而同符也法立而道行

聖謨蓋深遠矣顧自

太宗文皇帝徙都之後兩京並建六部職掌始分加以隨時損益更改無常

法蓋有異於國初者矣雖官府之案牘具在然堆几充篋官既不能徧覽吏或緣以為奸識者蓋深病焉弘治
年間
孝宗敬皇帝嘗命儒臣以諸司職掌為綱凡條例之損益更改者各蒐輯類

附其下於

聖祖之貽謀可謂能繼述而充拓之矣顧當時承詔秉筆之臣乃獨詳於北部之條例至南部則甚畧蓋不能無遺憾焉嘉靖丁亥予承乏南工部遇事之可疑而職掌未載者可否行止

無所考據往〻取徵於吏心竊病之焉乃謀之於四司僚友欲蒐輯南京工部之條例自為一書以備檢閱僉以為可乃屬主事劉君張君從事焉書成因名之曰南京工部職掌條例僉以此舉發端於予請敘首簡謹述

其始末如右嗚呼道與法固不可分而為二然道之體無窮而法之立有限僚友欲修官守之職則法在是矣欲損益常法以求助治道之萬一則此亦有可爲之地者尚念之哉尚念之哉是爲序

嘉靖戊子秋九月本部右侍郎懷慶

何瑭敬述

敕諭工部

昔聖人也朴民俗亦厚制不飾華六曹之設内工官居數中之一耳其所司之工者皆無異伎國無奇役然而公務雖簡其成也必精其廢也必當故一舉而無再為一廢而無復造所以民逸者多勞者少因是而官稱賢君聖德令之人受職任事則又不然矣凡臨事之際必因公而役私因私以獘上於國則不利與民為害是以神人共怒禍及身家往〻有之未嘗有福臻而愆消者也然罪者已往存者復為是不隔

禽獸也所以古人重其事而選人在福民之福固國以奉天地是以前賢能體君心而以務事工得家保而國昌今朕設工部實法古制特以爾某爲工部某官當敬事信工無弊上下咸合汝貞良哉

洪武　年　月　日

勅諭工部

朕惟工部掌天下百工山澤之政令度民力因地利天時以成國家之務夫天地生人雖有貴賤之分而好逸惡勞情無不同過用人力則不堪命惟以身體

入用人之力如己力斯民不病焉國家用度皆出于民過用於上必過取于下財匱民貧何以為國惟以身體國用民之財如己出斯財不竭焉凡所舉作審度緩急為之節制以息民力以紓國用斯為良哉古者役民于農隙當思用之以時古者山林川澤有厲禁當思取之有節令天下工匠數倍

祖宗之世而畏避亡逸者日多當思撫綏安養之道至若屯田水利之政皆有成法比年因循廢弛罔聞實效當思興舉作新之方爾其懋哉夫侈用傷財掊克

之端厲民循欲斂怨之階書曰民惟邦本本固邦寧節財所以愛民愛民所以愛國臣之職以道事君尚率爾屬惟公惟清輔予于治庶幾明良相成之美爾惟欽哉故諭

宣德三年三月初四日

勑諭司務

各衙門司務二員坐廳東南角面西將守籍吏二名終日在堂專管記載本衙門出入文書隨即附簿驗其應速者速應遲者遲明白勾銷下註或字有差錯

不許塗抹于傍圈註逐日記載事件至

不當矣惟克果斷乃無後艱其司務之設職專任重其所練磨也甚出非常勤于督責精于註銷使合衙門官吏皆不入刑憲之所其司務之才能已稱堂上之任矣又何考試之疊疊故勅

洪武二十六年十二月　日

皇帝勅諭南京工部郎中等官南京地方沿江一帶蘆洲採辦已有定額洲塲年久坍漲不一多被勢豪官

員軍民人等因而占為已業洲場日見侵削有司怠
惰不理科取賠償小民受害國課虧少應用不敷今
特命爾不妨司事提督清理前項蘆洲禁約富豪軍
民人等及勢要之家強占侵奪有司科擾小民之弊
爾須親詣地方逐一查勘　重舊　洲場如有坍塌
即將新佃柴課依數輳補本處　存或有新生
別洲許令撥補附近坍塌不敷之處　相應分豁并
起科者不必定立　限必求至當以息爭端令各該
府州縣具造文冊申繳該部及存留本處　照其餘

一應積弊勑不該載者悉照本部所奏　革　所
有官員人等敢有違慢者六品以下聽爾徑自提問
五品以上及軍職指實參奏應住俸者依限住俸其
與屯田事有相關者與屯田御史會同處置爾受茲
委任必須持廉秉公毋暴毋尅務俾事妥民安國課
不虧斯為爾能如或纖毫不謹以致擾人壞事必罪
不宥爾其慎之勉之故勑

廣　運

嘉靖七年六月　日

之寶

南京工部職掌條例目録

工部

尚書一員　右侍郎一員

司務一員

知印一名

承發科典吏二名

營繕清吏司

郎中一員　員外郎一員

主事三員內一員註選修理倉厫

歷事監生十名
都吏一名　令史一名
典吏八名

虞衡清吏司

郎中一員　員外郎一員
主事一員
歷事監生九名
都吏一名　令史一名
典吏六名

都水清吏司

郎中一員　員外郎一員

主事二員內一員註選督造戰巡等船

歷事監生九名

都吏一名　令史一名

典吏六名

屯田清吏司

郎中一員　員外郎一員

主事二員

歷事監生九名

都吏一名　令史二名

典吏八名

營繕所

所正一員　所副一員

所丞二員　典史一員草

司吏一名　典吏二名内草一名

文思院

大使一員　副使一員草

司吏一名

巾帽局革

針工局革

皮作局

大使一員　副使一員革

司吏一名

寶源局

大使一員　副使一員革

司吏一名　典吏一名

鞍轡局
大使一員　　　　　副使一員
司吏一員

顏料局
大使一員草　　　　副使一員草

軍器局
大使一員　　　　　副使一員
司吏一名

局

大使一員

副使一員革

司吏一名

龍江提舉司

提舉一員

副提舉二員內革一員

典史一員革

司吏二名

典吏二名俱革

清江提舉司

提舉一員

典史一員

司吏二名內革一名

典吏二名內革一名

龍江抽分竹木局

大使一員　副使一員　草

攢典四名　内草二名

瓦屑壩抽分竹木局

大使一員　副使一員　草

攢典三名　内草一名

大勝港抽分竹木局　草

各廠

龍江抽分廠　瓦屑壩抽分廠

蘆洲廠

總廠

馬槽廠

竹片廠

工部廠

各作共一百三十二名

木作八名

搭材作五名

油漆作九名

廠

廠

紅土廠

石灰廠

尾作三名

石作四名

土作二名

五墨作四名

竹作二名

銅作一名

鑄作一名

剉磨作一名

裁縫作一名

弓作一名

　作一名

　　作一名

木　作二名

鐵作四名

錫作一名

鏇作一名

絡絲作一名

鼓作一名

箭作一名

弩作一名

鞍轡作一名

纓作一名
鞔牌作一名
水銀作一名
抹金作一名
銷金作一名
織作一名
傘作一名
魫燈作一名
燈帯作一名

鞔盔作一名
穿甲作一名
團牌作一名
渡金作一名
戧金作一名
染作三名
釘帯作一名
紙燈作一名
旗作一名

索作一名
斛斗作六名
穿椅作一名
蒸籠作一名
弦作一名
笙作二名
冠帽作一名
紫粉作二名
煎膠作一名

蜊殼作一名
捲胎作一名
粧奩作一名
琵琶作一名
簫笛作一名
秤作二名
履鞋作五名
黄丹作二名
琉璃作二名

黑窯作三名
釘作一名
船木作八名
艌船作四名
鐵作一名
篷作三名
船索作一名
纜作一名
縧作一名

南京工部職掌條例目録終

南京工部職掌條例卷之一

工部

尚書侍郎之職掌天下百工山澤之政令其屬有四曰營部虞部水部屯部後改營部為營繕虞部為虞衡水部為都水屯部為屯田俱稱清吏司

營膳清吏司

郎中員外郎主事掌經營興造之衆務

内房科　典吏一名

凡
内府宫闕殿宇皇城紅鋪併各監寺司局庫藏等處
遇有損壞大工程者南京内守備併内官監
等衙門奏行本部小者徑行揭帖到部委本
司官會同相計修理合用竹木隸龍江瓦屑
壩二抽分竹木局黄緑黒瑠璃隸瑠璃窰黒
色磚瓦隸黒窰石灰隸東上東下西民瓦屑
壩窰鉄釘等料該寶源局匠作告送本部定
數用堂本赴司禮監及咨南京户部關填勘

合于南京丁字庫會支荒熟鐵併龍江等局
關支木炭打造成料各工會用會無物料拘
集上元江寧二縣該年鋪户辦納發工應用
其物料價直據鋪户告通狀到部送司稟堂
移付屯田司估支蘆課等銀其匠作工食撥
各作告通狀到部或稱缺少食用量准預支
或稱修造已完計工支給俱本部班匠銀内
或不敷則蘆課抽分銀内動支其幫工軍士
該外守備衙門量工差撥隨操起住

凡守衛官軍懸帶木牌俱本司料造有失落者
南京中府除將犯人送問外仍行本部補造
到司稟堂行營繕所依式料造完日送司稟
堂用手本差原經作頭齎送南京尚寶司印
烙轉發懸帶

外房科　典吏一名

凡裏外城垣門禁官廳直房城鋪等様項每年春
秋仲月內外守備會同本部堂上及本司官
應天府官巡視一週或有損壞內守備行揭

帖外守備行照會到部委本司官督同營繕
所官吏匠作料計修理
南京門禁城垣俱留守五衛官軍把守永樂
初年題奉陳言事例就于五衛設立窯座燒
造磚瓦以備城垣修理嘉靖五年該本部尚
書張　等申明陳言則例題稱各窯將所造
城方馬鞍等磚同瓦等項不照本等則例告
支柴價却朦朧將磚瓦二十四萬箇改作二
十四萬片冒領柴價十倍之多合無將各色

磚瓦酌量多寡緩急少爲增損照則扣筭分定撒數湊合原揔蘆柴人工一以諸司掌黑窯事例爲則每窯歲給蘆柴九千六百束補足旗軍五十名添撥法司送到做工囚夫十名分爲上下二班常川三十人上工每一年該一萬零八百工除九千六百工燒造前項磚瓦尚餘一千一百工以示寬恤不許别項撮工如有事故止儘見工燒造扣數給與柴價凡給柴價須在造有坯料未燒之前驗數

預支永爲遵守原議磚瓦蘆柴則例
城磚二萬五千四十箇每十箇該蘆柴二
束計五千零八束
香帅馬鞍磚二千箇每十箇該蘆柴一束
二分計二百四十束
平身磚四萬二千四十箇每十箇該蘆柴
五分計二千一百零二束
尺二方磚一千二百四十箇每十箇該蘆
柴二束五分計三百一十束

大板瓦五萬片每十片該蘆柴一分二厘
五毫計六百二十五束
大同瓦三千箇每十箇該蘆柴一分五厘
計四十五束
大花邊板瓦一千片每十片該蘆柴一分
五厘計一十五束
大滴水板瓦一千片每十片該蘆柴一分
五厘計一十五束
大滴水同瓦即大勾頭同瓦一千五百箇

每十箇該蘆柴一分五厘計二十二束五分

中板瓦十萬片每十片該蘆柴一分計一千束

中同板瓦二千箇每十箇該蘆柴一分二厘五毫計二十五束

中滴水板瓦二千箇每十箇該蘆柴一分二厘五毫計二十五束

中勾頭同瓦二千箇每十箇該蘆柴一分

二厘五毫計二十五束
中花邉板瓦二千箇每十箇該蘆柴一分二厘五毫計二十五束
瓦條磚二千塊每十塊該蘆柴一分計二十束
料半磚三千塊每十塊該蘆柴一分二厘五毫計三十七束五分
中獸頭三十箇每十個該蘆柴一束計三十束

獅走獸一百五十箇每十箇該蘆柴二束
計三十束
正統年間南京兵部尚書徐　會同内外守
備衙門奏准將江北新生爛泥官洲蘆柴中
府委指揮一員帶同留守五衛旗軍看守每
年砍取十萬二千二百二十把運至尾屑壩
窯堆垛預備燒灰修理城垣成化十一年本
部劄委郎中葉　料計氷窨等處闗支尾屑
壩抽分竹木局蘆柴燒煉石灰時本局蘆柴

不敷案呈本部暫將官洲蘆柴轉支燒造各工應用候該局収有之日修理城垣缺灰應用照數補還借支到今先年裝運柴束俱曾洲指揮取討兵部馬船二十隻近年五隻運送到窯本部委司官一員驗収發窯燒灰正德十一年南京兵部尚書喬　題稱各衙門砍取蘆柴搬運磚瓦共用馬舡三十餘隻多被柴磚壓損沉溺乞將快船量添價銀成造其底舡不許變賣存留改造匾淺舡裝載蘆柴等

用自是馬舡不復取撥區淺舡未及改造底舡仍復變賣矣以致正德十四年十六年分柴竟以無舡廢棄嘉靖元年二年在洲柴束本部尚書崔　暫借修理項下蘆課銀兩雇舡裝運候賣有蘆柴銀兩之日補還本年該柴十萬二千二百二十把借支舡脚價銀二十兩四錢四分四厘劄委主事曹濛前去彼處雇覓舡隻裝運乃一時權宜之計自後歲以為常　先年外羅城俱本部修理後因

料價不敷奏

准與應天府屬縣分修後應天府因起撥人夫數多又奏與鎮江寧國太平廣德等府州分修自滄波門分北麒麟僊鶴姚坊觀音佛寧金川上元八門併江東門城樓該本部修理自滄波門分南高橋上方夾岡雙橋鳳臺門東該太平鎮江寧國廣德三府一州修理自鳳臺門分西大安德小安德江東馴象等門城垣該應天府修理正德十一年南京刑科給事中

史魯奏行本部會同南京內外守備并兵部等衙門議得除本部與應天府該修城垣照舊外其鎮江寧國太平廣德等府州該修城垣委離都城頗遠官民往來未便加以獘端乘機易生民財浪費合無免其修理每年止令鎮江寧國二府各出料價銀二百三十兩夫價銀一百五十兩太平府廣德州各出料價銀一百　十兩夫價銀一百兩俱限本年終解　部委官并會修理及行南京吏部

重撥辦事官吏各五名徑送本部委官調度
用使看守物料催儧工程若該府州料價等
銀不依期解用延至次年正月終不完有悞工作
具悞事官吏聽本部提問職官五品以上叅
奏提問各項匠作分工承管記名在官工訖
五年之内修築不實以致坍塌損壞者查
究其人量追工銀三分之一入官公用等
因奏
聖旨是欽此

凡大小教場神機營龍江浦口 江淮新江口等關隘併瑠璃等窯座五城兵馬司等公廨遇有損壞該守備等衙門行文到部委官料計修理工料出辦與內府修造同

凡五城兵馬司兵馬及地方總甲俱奉例每月一次赴司承遞結狀初一日中東南城地方十五日西北城地方如有折毀官房侵占街道及阻塞溝渠等項首告到司審實送法司問罪

凡儀真瓜洲二處正統初年各建磚廠一所本部每年輪委司官一員前去住劄收管各府州燒觧磚料經過閘壩官民客商粮運馬快舡隻量給帶運或于臨清磚廠或張家灣磚廠交納取實收回繳每季造冊四本一送本部一送工部一送臨清磚廠一送張家灣磚廠查考

各磚式樣

白城磚長一尺五寸濶七尺寸厚四寸四

分
黑城磚長一尺四寸闊六寸厚三寸三
分
券磚長一尺四寸闊六寸三分上面厚
三寸八分下面厚三寸四分
斧刃磚長一尺二寸五分闊五寸八分
大面厚三寸二分小面厚三寸一分
嘉靖三年為急缺磚料事工部題
准除應天府及盧鳳淮揚等府徐滁和等州地方災傷

重大免泒待候豐年另行是年止泒蘇松常
鎮徽寧池太八府燒辦運觧本廠交納
嘉靖七年為修省事吏部等衙門會議題
准免解瓶酒將嘉靖八年并以後年分正附酒瓶一十
三萬箇仍令寧國府燒造將一十一萬五千
箇解赴儀真營閘主事交收照依運磚事例
計量舡隻大小給票順帶光禄寺外廠查收
給票回銷餘瓶一萬五千箇仍送南京光禄
寺交納

磚廠委官兼理瓜儀等處閘壩河道成化年間令凡閘惟進鮮船隻隨到隨開其餘務待積水若豪強逼脅擅開走泄水利及閘開不依帮次争鬧者聽閘官將應問之人拏送究問因而閣壞船隻損失進貢官物漂流係官粮米并傷人者各依律例重問罪干礙豪勢官員參奏究治其閘內船已過下閘已閉積水以滿而閘官夫牌故意不開勒取客船錢物者亦治以罪

嘉靖六年四月欽奉
詔書内一欵粮運舡隻經由儀真瓜洲二壩盤剥雇脚所費不貲儀真設有攔潮閘座春三月以後潮長之時可以通舡近年工部委官偏聽脚夫店家之言指以泄水為由不肯開放管河官查照建閘初意上河水小自難開閘若潮長河溢軍粮民粮官民舡隻一體循次開放無故阻當者罪之欽此

雜科　令史一名　典吏二名

凡孝陵殿宇等處遇有損壞該　孝陵神宮監太監奏行本部委官司會同內外守備并內官監等衙本委官相看料計本司措辦物料工食修理其外圍墻垣永樂年間題准每五百丈料計一次修完又行接續料計修理磚瓦石灰做工夫匠該監自行燒造起撥惟竹木于兩関會支

凡泗州

祖陵鳳陽
皇陵幷白塔　壽春諸王墳　皇城等處遇有損壞該
守備鳳陽地方太監等官奏行本部委官會
同估計具題修理先年做工軍夫民匠于鳳
陽所屬州縣幷留守司所屬衛所起撥物料
會有闕支會無買辦工程大者分派湖廣江
西福建等布政司應天蘓松等府州辦解工
程小者量派該府衛或附近滁和等州地方
接濟裝運舡隻于兵部取撥口粮于鳳陽倉

関支成化二十三年提督太監等官題稱要
行祠祭署官及社長陵戶人等常川巡視洒
但有磚瓦脫落處隨即報知守備太監着落
留守司併鳳陽府掌印官相看措辦修理
奉
聖旨是小有損壞着隨即修理若工程大還要奏聞欽
此

凡
天地壇帝王功臣廟文廟大報恩寺神樂觀朝天宮蔣

王卞廟等處遇有損壞該南京太常寺國子監等衙門或奏行或移文到部本司委官料計修理工料出辦与内府修造同

凡在京五府吏户禮兵刑五部大小衙門公廨遇有損壞該衙門或奏行或移文到部本司脩辦工料外守脩衙門添撥軍夫做工嘉靖七年七月十七日准工部咨該南京内外守脩等官會題為修武脩以固根本事要將陵寢宫闕内府衙門皇城京城并緊要處所照舊撥

軍做工其餘不急及各衙門公廨等項工程少
者俱令本衙門自行處置工料雇人修理不
許似前一概撥軍做工奉
聖旨是今後不係重大緊要工程不許撥軍運料做工
欽此
凡南京刑部都察院舊有送到問擬運磚運炭
等項囚人原該送南京戶部軍儲倉納米景
泰七年為成造軍器急缺木炭事本部奏准
暫且改納木植石灰正德元年五月内 該部

奏准一應有力囚犯仍送軍儲倉納米

凡本司官吏三年考滿給由准本部屯田司付

奉本部送據本司某官某吏呈移付到司備

行各科查勘官任內事蹟吏役內經行事件

各有無公私過名備回該司起送

凡清理文職貼黄三年一次准屯田司付到將

本司各官歷任脚色備付該司類造繳報

凡本司應給散官每年十二月內准屯田司付

到至次年正月內取勘該給初授陞授加授

給

散官及各官歷任親供脩付該司類報

凡本司歷事監生准屯田司手本送到查照頂補某監生名缺以到日為始收俸着歷奉本部送准各監生考勤作缺歷滿附選呈文到司俱稟堂用手本轉送該司查照施行

凡本司當該吏典准屯田司手本轉送到司查照頂補某吏名缺以到日為始收俸着役取具供呈在卷查考

凡官吏監生俸粮每月終開列舊管新收開除實在數目偹付屯田司關領

凡官吏戶口食塩每年二月間查勘本司官吏見在男婦口數該納鈔貫付屯田司類揔關支

凡本司直廳并柴薪銀兩每季用手本前去南京兵部武庫司關支

凡本司公用紙劄每月初用手本前去南京刑部山西司關支

遞發科　典吏一名

凡南京刑部浙江福建廣東雲南四司浙江福建廣東雲南四道并巡視倉塲御史問有做工拘役囚犯俱送本司該做工者引堂註薄分撥瑠璃等窯類送虞衡司轉發做工該拘役者徑發該管衙門拘役滿日仍送原問衙門完叅

匠科　令吏一名　典吏一名

凡本部額有輪班人匠江西布政司三萬九千

五百五十五名湖廣布政司一萬三千二百四十四名福建布政司六千八百九十六名共五萬九千六百九十五名俱照景泰五年編給勘合則例四年一班以一季為滿成化十五年奏准今後輪班人匠　諳曉本藝者按季起解正身赴京上工如不諳匠藝照例出辦工價印封勘合差人送部准工批放自是親賫勘合赴部投當者票發南京司禮監兵仗局前廠等衙門上工滿日送回查給

勘合願出銀雇工者每班納銀一两八錢閏月加納六錢亦票送各衙門雇覔做工其或不成班或票撥有餘及該府縣徵収類觧銀两每季四司掌印官輪流一員經収支放以備修造工食之用每日將収放過銀数附簿報堂季終將舊管新収開除實在造冊呈繳及將應行奏簿并支剩銀两交盤該季接管委官經収施行

本司該管江西湖廣福建輪班人匠共一萬

二千五百二十九名
江西布政司六千七百三十六名
木匠三千九百一十四名
鋸匠一千零八十名
石匠三百零九名
塊匠九百七十二名
土工匠三百三十七名
泥水匠一十三名
搭材匠五十八名

瓦匠五十三名

湖廣布政司四千零六十一名

木匠二千四百九十七名

鋸匠四百三十四名

坭匠六百七十七名

搭材匠二十二名

土工匠一十二名

瓦匠一十五名

福建布政司一千七百三十二名

木匠一千一百七十一名
鋸匠二百三十七名
石匠一百三十名
瓦匠一百三十名
土工匠六十二名
泥水匠二名
嘉靖二年巡按浙江監察御史陳德鳴題
准今後清出納銀班匠各掌印清匠委官嚴限徵完俟
年終觧部如過限一箇月之上不完府至五

十名州縣至二十名一省至二百名布按二
司并府州縣清匠委官行令任俸
嘉靖三年本部右侍郎吳　題
准罰班人匠查係正德十六年四月二十二日以前遵
照
詔例通行蠲免以後年分人匠該班来遲不出一年之
内亦免罰班若違限一年之上仍罰一班以
示懲戒如連違数班亦止罰一班其欠正班
雖在革前亦要徵觧

嘉靖七年七月十九日頒降
詔書内一欵雲貴川廣連年用兵採木宣大延寧虜賊侵擾江浙湖廣直隷等處水旱相仍盜賊竊發軍民疲憊工部坐派一應料價幷輪班人匠工價自嘉靖元年以前已徵在官者差人觧部果係小民拖欠及起觧中途偶遇水火盜賊未完欠班者勘實悉行停免以蘇民困欽此

本部每季票送各監局庫司衙門上工匠數

太廟神宮監六名

誥勅堂八名

孝陵神宮監二十二名

内官監一十四名

内官監造竹器一十四名

内官監漆造竹器　名

内織染局八名

御用監六名

御馬監六名

内承運庫四名
供用庫四名
尚膳監四名
守備太監每廠三十一名
司禮監五十名
兵仗局四十五名
兵仗局前廠三十五名
惜薪司一十五名
司苑局一十名

戊字庫焙弓房八名
司禮監六科廊八名
六科廊賞賜房八房
巾帽局六名
鐘鼓司五名
贓罰庫五名
酒醋麪局五名
針工局五名
都知監四名

廣積庫四名
銀作局四名
廣惠庫三名
浣衣局三名
司設監二名
混堂司二名
靛青廠二名
守備司房二名
戊字庫二名

甲乙丙丁四庫各一名

北京科　典吏一名

凡南京錦衣等衛烏龍潭等三十六倉中和橋等處三馬草場房屋江北應天等衛四倉原係本司委官一員督同營繕所官吏匠作及會辦物料修理弘治十年總督南京粮儲衙門題

准添設工部主事一員領劄前來管理正德七年以后註選本司主事一員專管修理成化九年揔

督衙門因本部派下抽分局等處竹木一時不得應用題准將各處部粮官吏違限贖罪折納銀兩修理弘治十二年又題准將各倉隨粮竹蓆及艸價餘銀收貯應天府庫專備遞年修理倉場之用正德八年十月本部猶劄付修倉主事帶領營繕所等衙門委官匠作人等前去各倉修理該用物料照依上年事例本部出办三分揔督衙門出办七分今皆買辦物料雇覔工匠俱于揔督衙門前項

銀內動支本部不復出辦

凡本部俸粮倉廒遇有損壞該本部屯田
司呈堂送司委官估計修理工料出辦與
內府同

凡南京刑部都察院公廨遇有損壞咨行本部
委官估計照前修理

凡後湖廣冊庫房該十年一次工部咨行本部
會看起造其或官廳冊庫泊岸等処遇有損
壞該管冊給事中等官手本開行本司呈堂

委官估計照前修理

凡供應機房遇有差官織造該工部咨行本部委官會同南京內官監委官估計照前修理

架庫閣　典吏一名

凡本司照刷過卷宗俱收架備照

凡本司稟堂公文通狀俱附簿開立前件標註查行案候以備稽考

凡本司行屬公文牌票俱掛號附簿備查

凡各工修造會支兩關竹木板枋等料出給
印信簿籍俱掛號明白給發該工作頭領齎
出料
嘉靖三年為灾異獻言事本部侍郎吳 會
題
准行
一添官分理政務本部職掌天下百工之政令而
營繕一司郎中員外郎主事分管興造之務
者也所以該司設官各有分職比之南京別
部及本部別司獨為全備故事掌印郎中一

員專管修理

太廟皇城内府二十四衙門九庫等処員外一員管修正陽等十三門及外城滄波迤北至江東門内外城垣主事三員一員管修夾崗等六門城垣查點各窯磚瓦及収支瓦屑壩石灰収放蘆柴一員管修五府六部教塲閲臨等処一員監修烏龍潭等三十六倉職專任重早見成功近年别司缺官就將營繕司官盡行委出獨存郎中一員在司凡遇内外興造

只得分委大使　等官以致營軍指揮亦
欲竄名監工修理武夫末品惟利是圖收放
木料則以小作大筭計工程則以少作多深
為未便切見本部營繕司已設主事三員都
水司亦設主事二員惟虞衡屯田二司止設
主事一員虞衡事省官足使令屯田事繁一
員不足合于無屯田司添設主事一員但遇
追徵蘆課缺官宜從本部尚書侍郎于本
司郎中員外主事內推委公廉才幹者一

員領

勅管理蘆洲催徵蘆課三年考滿方許交納代其營繕司四員全留在司分投督工不許厭棄修造繫瑣營求差出別幹堂上官亦毋狥隱聽屬輕易差委違者聽科道官糾舉庶工役有所稽考材料不致冒濫

嘉靖六年為議處皂役以革積弊事詹事府詹事兼翰林院學士霍　奏照得兩京各衙門官有裁減而直堂皂隸猶仍原額甚則盡追

募役之直以充囊橐之私復科取雜役以應
供用殊非體國恤民之意伏望
勑行兵部轉行南京九卿等衙門查議減革庶幾寬一
分亦恤民一分之仁也若兵部武庫司工部
四司財賦淵聚乞要立為定例凡在京錢粮
衙門三年委科道官同該部堂上官清查一
次該司郎中以及吏典陞遷考滿須查經手
錢粮交割明白方許離任起送庶幾事有統
紀而奸贓少阻用有樽節而生民少甦等因

該工部查覆合候
命下以今年為始每三年本部先行具奏
請差科道官各一員會同本部堂上官一員將四司錢
粮逐一清查要見其項原派若干觧到已支
若干未支見在若干查驗明白開立舊管新
収開除寔在備造黄冊一本進繳各収青冊
一本備照其郎中等官遇有陞遷及吏役滿
日一應經手錢粮案卷本部仍委司務公同清
查明白呈堂方許各離任起送中間如有収

放不明及侵欺等項奸弊聽臣等叅究仍行
南京工部一體施行
奉
聖旨是這會同清查事宜都依擬行欽此

南京工部職掌條例卷之二

虞衡清吏司

郎中員外郎主事掌天下虞衡山澤之事而

辨其時禁

採捕科　典吏一名

凡江南直隸府州及各布政司歲解活鹿天鵞

到部轉送南京光禄寺交收成化二十二年

奏

准免解活鹿天鵝每鹿一隻收銀一兩七錢天鵞一隻

收銀五錢弘治十二年每鹿一隻折銀二兩

鵞一隻折銀五錢俱送南京光禄寺收買供

進正德十年為袪宿弊恤民力以培植

國本事本部尚書柴　題

准令後活鹿每隻照例折銀二兩天鵞每隻折銀五錢

州縣起觧司府通類徑觧北京工部轉發光

禄寺交割

凡春秋祭祀

先師孔子并三年二次祭祀歷代帝王合用活鹿一隻

該南京太常寺先期呈取到部轉行直隸寧
國府辦解赴部供祭

凡
四川福建廣東廣西所屬府州縣歲辦各色
皮張漆鉄徽解到部送司稟堂出給長单送
丁字庫交收取實收附卷給與批迴
四川布政司歲辦白毛生硝麂皮四萬一
千五百八十五張定作三分起解
一分解本色皮一萬三千九百零一張
一分折解生漆一萬七千七百零四斤

一分折鮮熟鉄二十萬九千八百零二
斤
福建布政司各色皮二萬張内
白硝麖麂皮一千五百零五張
毛硝麖麂皮三百一十四張
雜皮一萬八千一百八十零一張
廣東布政司皮翎共三萬五千三百三十
七張根内
白硝麖麂皮一千六百八十三張半

毛硝麖麂鹿羊皮五千九百零三張
雜皮五千四百五十張半
翎毛二萬一千三百根
廣西布政司各色皮七千六百二十七張半
内毛硝麖麂鹿麞羊皮三千二百五張半
雜皮四千四百二十二張
正德十四年南京禮科給事中王子謨　題

准今後如遇解到物料有係皮張等料折色銀兩給發收
買者該司仍要會同巡視九庫科道眼同給
與鋪行領買完納不許減輕原價亦不許扣
除公堂之用

嘉靖元年本部勘定各処解到皮翎漆鉄相
應價直白硝麖麂鹿羊皮每張價銀三錢六
分毛硝麖麂鹿羊皮每張價銀二錢二分鹿
羔獺狸等小皮每張價銀一錢六分翎毛每
百根價銀一錢四分一厘四毫生漆每百斤

價銀九兩熟鉄每百斤價銀一兩二錢五分
扛擡脚價俱聽于内應用遇該収買本司照
依前價查扣明白将銀印封送巡視九庫科
道官處眼同騐給鋪行収買完日棨呈本部
轉送南京丁字庫其各處觧到胖襖庫鞋轉
送南京乙字庫各會同科道騐収折色價銀
収貯本部俱聽取類觧
嘉靖二年九月准工部咨先准本部咨爲急
缺

賞賜胖襖等件奏查先准工部咨為查取胖襖折價銀兩事內開胖襖褲鞋五年一次全造本色五年一次以十分為率五分造辦本色五分折解價銀每副一兩五錢又准工部咨為禦寒毛襖事內開襖帽以十分為率五分徵造本色襖帽五分折徵價銀等因各到部俱通行徵解去後今奉前因查得各布政司累年拖欠節催未起解到為照三布政司歲辦大小皮張折造胖襖成造毛襖其胖襖褲鞋係

軍需之物所用数多毛襖狐帽係欽天監天文生關領所用数少合無自嘉靖元年起酌量多造胖襖少造毛襖狐帽庶克有濟案呈到部移咨工部查議得正德十三年十月内拠乙字庫申為禦寒毛襖事開称正德十三年分例該行移南京工部造鮮襖帽以備關領等因前來該本部查得南京工部每年解襖帽各八百八十件箇欽天監每二年一次關支不及一百之数今若造舊逐年全造所

用数少所積数多况毛襖狐帽物難経久不無浪費錢粮俱自正德十三年為始照先年胖襖折徵事例以十分為率五分徵造本色襖帽五分照舊折徵價銀襖帽發庫備用價銀送部交収以後照此施行及查正德十六年十二月内撥乙字庫申称正德十七年起至二十一年止例該通行造解胖襖褲鞋等因查得歲辦皮張除麂皮狐皮照舊不折外餘雜皮張照上年例折収細密潤白綿布変

染青紅緑三色均等委官就于本処督匠依式縫造胖襖幷褲俱身袖寬長各用真正花絨裝套厚實鞝鞋亦要宻納堅完就于衣裏開寫提調辨驗官吏縫造匠作姓名幷價直寬長尺寸斤重裙幅數目用印鈐蓋差人俱限每年七月以前觧部驗中發庫交收胖襖每件長四尺圍三尺六寸裝綿花絨二斤下裙一十一幅褲每条圍三尺八寸長二尺五寸裝綿花絨半斤鞝鞋每隻長八寸五分虎

豹皮每一張麂皮每三張麞羊皮每五張雜皮每十張各折造胖襖褲鞋一副已經通行去後今該前因查得乙字庫月報見在毛襖四千八百二十六件可勾數十年支用見在胖襖僅勾一歲支用合無行移南京工部轉行福建廣東廣西三布政司將所折各項皮張照依原擬數目折價買料全數成造本色胖襖等逐年解部備用毛襖狐帽暫停本色照例折徵價銀逐年轉解本部以備胖襖

不敷每副一两五錢相兼支給邊軍領用仍
候在庫襖帽支用將盡另議本色解用題
奉
聖旨是欽此
嘉靖三年為灾異獻言事本部侍郎　吳
會題
准行一查處狐鮮皮張查訪得舊時狐皮則例鹿皮每
張闊二尺二寸長二尺七寸麖麂皮每張闊
一尺五寸長一尺八寸獺狸等至小者亦闊

八九寸長一尺二三寸送到各皮或半存頭脚或半存角尾立法嚴密杜人奸欺近年各處多是徵鮮皮價送部該司發出價銀令鋪買辦豈期射利之徒欺公玩法如鹿麖大皮領銀一錢六分市價只用銀七八分亦有買破孔舊硬窄短皮張搪塞甚至大皮一張割去下截分作小皮二張而上截巧裁膠接仍作大皮一張搥同驗皮光棍欺瞞交官科道部屬未知舊樣見皮即收監局内官但圖網

利不加揀退等因工部查得舊規天下解納一應皮張於內開寫尺寸并承行官吏盖使印信解到辦驗無碍轉發該庫會同巡視科道部委官員覆驗相同方准收納緊急工程召商買辦亦照原定尺寸辦納今後俱要照依前項尺寸係有司起解者照例開寫官吏用印鈐盖户鋪辦者亦要全張比對尺寸相同該部驗中轉發該庫會官覆驗無異方准收納如有前弊驗出參送法司追問

嘉靖七年為袪處粮獘事巡按御史李儼
題
准各衙門坐派各司府州物料錢粮俱折價解部收貯
召商納完本色方與領價庶粮料易完而包
攬侵欺之獘亦草等因工部咨行本部徑自
查覆本部查得四川福建廣東西歲辦皮翎
漆鉄等料或解本色或折色聽彼處民便行
之已久今若限定一例徵解折色恐皮漆等
料或彼処産有其價必賤今賤賣易銀反不

便民但本部原定價直與工部原擬張數多寡不一合無斟酌相當再行申明以便遵守等因工部咨行本部仍照舊施行

軍器科　典吏一名

凡

內府南京兵仗局洪武永樂年間專一成造各樣軍器以備四方征戰取用景泰元年到今遞年成造火藥、線大小木馬子竹鍘銃箭等件以備神機等營官軍操備演習支放盡絕接續料計奏行本部將會有物料關填勘合於各庫局關支會無轉行應天府會同科道等官估支天財庫錢着上江二縣鋪户買辦送局應用本局原有食粮軍民匠作二千八百餘名正德十二年

朝廷取用明鋼甲葉本局雇覓外匠帮工行令本部出工食銀七千八百兩

正統二年添設兵仗局前廠額有軍民匠作

三百餘名成造各項軍器每五年料計一次每季成造一萬九千七百六十七件每年該七萬九千六十八件弘治十一年南京吏部等衙門會題要行停止又該南京守備太監傅容等議得前項軍器若不成造倘遇地方有警無從關用誤事非輕奏准待弘治十六年以後通行減半每季成造九千八百八十四件預支本部雇工銀五百五十三兩正德六年官軍勦殺流賊損失器具一十八萬九

千五百二件題准每季補修六千三百一十
七件預支本部雇工銀二百九十一兩二項
每季共支銀八百四十四兩一年共支三千
三百七十六兩物料照前會支買辦
造完日移咨　部　堂會同科道官試驗次
日正堂同內外守備驗畢送南京戊字庫收
貯本部每季具本奏報
兵仗局前廠季造全數
硃紅油貼金勇字鉄盔一百五十頂

硃紅漆貼金勇字皮盔二百頂
硃紅油貼金勇字牌手鉄盔五十頂
併鎗馬赤甲四百副
黑漆二意角弓二百四十張
弓絃六百八十條
明素油撒袋二百四十副
黑漆鞘靶腰刀三百四十副
黑漆透甲鉄箭射馬鉄箭共一萬七千五十枝

硃紅布漆攢竹桿馬鎗一百條
硃紅布漆攢竹桿旗鎗一十條
硃紅布漆鍍水銀獅子頭團牌五十面
斬馬刀五十把
令皆減半料造
補修軍器自嘉靖七年秋季造報去後尚
餘六季未造

凡
皇城四門

正陽等一十三門并新江口浦子口等處防守軍器遇有損壞例該兌換於中揀出堪修者本部委官料計題准備咨前來轉行南京兵仗局前廠一併修造物料照前會支買辦修造完日本部委郎中等官驗明送南京戊字庫收貯仍同成造軍器奏報

凡南京戊字庫收貯軍器合用木架晾閣該庫申報本部委官料計如成造者每季用木架六座修理者減半每二季亦用六座每座用

木鋸匠三十工于班匠銀内支給木于龍江
抽分局関支
凡南京戊字庫収貯弓張原設舊鎮南衛焙弓
房火爐二十二座遞年五月初一日起至九
月終止計五箇月每炉一座日用木炭三斤
共九千八百六十八斤成化十一年本部題
照天順元年奏准事例于南京司禮監
関填勘合于龍江抽分竹木局照數関支
應用

凡大小教場神机營新江口浦子口操備旗鼓棕索等件遇損壞該南京内外守備移文本部委官相計合用物料會有関支會無行拘上江二縣鋪戶買辦約作成追發營應用料價支蘆課工食支班匠銀兩

凡
皇城四門
正陽等十三門官軍原領守衛軍器正德七年本部
題准每月朔望委司官一員前去各門點閘

如有官軍輕易損失輕則量情責治追陪重則叅送法司究問如律有無緣由呈報本部查考

凢應天龍虎武德和陽横海等五衛官軍守浦子口等城先年自備什物披执成化三年本部右侍郎范　會議題准関填勘合於南京戊字庫関領軍器一萬四千八十二件給與各軍守禦年終委本司官一員前去照例點閘呈報

窯冶科　典吏一名

凡内官監瑠璃窯舊制三百六十座每座高一丈五寸面闊九尺進深九尺五寸裝燒瓦坯二百八十箇計匠七工用五尺圍蘆柴四十束每窯裝色二百八十箇計匠六工用五尺圍蘆柴三十束四分用色三十二斤八两九錢三分二厘

嘉靖三年内官監左監丞李勝奉

勅前來燒造安陸　陵廟瑠璃比照比京窯樣改修五

十座每座高一丈三尺面闊一丈二尺進深一丈二尺每窯燒坯六百片箇改用木柴七千五百二十八斤

嘉靖三年為災異獻言事本部侍郎吴　會題

准行一查點瑠璃磚瓦體得南京聚寶門外國初設有瑠璃窯三百六十座專一燒造黄緑黑三色瑠璃磚瓦飛仙海馬獸頭鴟吻勾頭滴水垂帶通脊等項以供

宮殿壇場城垣等用永樂建都北京遺留前窯止是
造磚瓦以備添換揷補而已内官監有提
督　官二員監工内使二員見在軍匠九十餘名專一燒造其成造用土取之太平府燒造用柴取之原撥蘆洲上色用黛赭石取之牛首山馬牙石取之白雲山鉛銅布絹等料出之工部錢粮買辦本部初以為但用磚瓦必須燒造故凡有取辦悉與奉行及今嘉靖
二年因燒造

興獻帝陵廟瑠璃臣與本部寮屬到窯徧閲地方乃知
本窯收有歷年磚瓦堆積無筭及用磚瓦俱
從新會科令本部出辦蘆柴煤炭以此一事
論之則數十年間各處修造督工内外官員
侵分官銀柴炭何止千百萬計也况各窯軍
匠每年支粮米一千八十餘石民匠每年支
粮米二百一十餘石能燒造者不過數人其
餘則看守門户充當伴當辦納月錢而已
乞

勑工部計議轉行南京工部定委該司廉幹官一員前去會同提督内臣督同軍民匠作将本窯見在磚瓦等項完全無缺者逐一點視每樣堆放一處如有修理應該支用即便照數出支不在會支部銀補還料價之數每年正月工部會提督内臣計筭見缺何等磚瓦最多斟酌数目督令匠作及時燒造合用柴料應本監自辦者照舊辦用應工部出辦者照例辦送其新燒磚瓦一體造冊支銷如有仍前隱

埋或重派工料及将匠役辦納月錢等弊俱
聽科道糾舉

凡黑窯七座（現燒五座）南京内官監委官監督作頭
一名軍匠五百名做造坯料每中窯一座裝
燒大小不等磚瓦二千二百箇計匠八十八
工用五尺圍蘆柴八十八束今皆蘆課銀内
扣筭折支

凡缸罈窯二座南京内官監委官監督三年行
本部料計一次燒造瓦罈罐二千九百零二

箇聽内守監（偹）尚膳監等衙門進薦新菓等用原額句容縣民匠四十八名（見存三十三名）輪班做工合用物料仍派直隸寧國府宣城縣挖取造坯缸土二千九百零二担南陵縣取水沙八百七十担零六十斤應天府所屬句容溧陽溧水三縣採辦松枝一千九百二十九担八十三斤龍江瓦屑壩二抽分局閘夫木柴一十九萬二千九百八十三斤俱發該窯燒造徑送該監應用

凡南京光禄寺歲運賫酒用瓦瓶一十三萬箇
該直隸寧國府燒造解部送寺交納嘉靖七
年題
准免解瓶酒改北京光禄寺醖造該用酒瓶仍令該府
燒造將一十一萬五千箇解赴儀真磚廠帶
運餘瓶一萬五千箇仍送南京光禄寺官交
割
凡瓦屑壩東上東下西民四石灰窯各有内官
監委官監督軍匠搬運荒石燒辦灰斤本部

遇有各衙門送到做工囚犯量其窯分撥與帮工該運石者每名每月挑運荒石一千二二斤該斫柴者每名每月採辦蘆柴六束各供石灰三百斤本部委司官每月到窯查點囚犯秤驗灰斤以備各工支用

凡瓦屑壩窯原設四十八座見燒五座每年支借爛泥洲預備蘆柴十萬二千二百二十把燒辦灰二十萬斤詳見營膳司城下

東上窯原設　辦灰三十萬斤該

支蘆柴三千三百三十七束五分

東下窯原設十座（見燒二座）每年辦灰三十萬斤

該支蘆柴三千三百三十七束五分

西民窯原設十座（見燒二座）每年辦灰二十萬斤

該支蘆柴二千二百二十五束

東上東下西民三窯石灰每多渣滓本部斟

定每百斤准渣十斤餘皆照渣換補

凡南京寶源局鑄造銅錢洪武四年鑄洪武通

寶錢二十二年復鑄錢與鈔兼用永樂六年

鑄永樂通寶錢宣德八年鑄宣德通寶錢弘
治十六年該本部鑄弘治通寶錢二千五百
六十六萬八百文因地方災傷南京吏部等
衙門會議題
准量減三分之一鑄錢一千七百一十八萬七千二百
文
嘉靖七年鑄嘉靖通寶錢本部該鑄二千二
百六十六萬八百文每錢一文該費錢二文
每錢七百文折銀一兩該費銀六萬餘兩本

部題

准動支南京戶部收貯稅餘銀一萬五千兩與本部官銀相
兼應用合用物料會有者于各庫局關支會
無者令上江二縣該行鋪戶買辦本司委官
會同科道官驗收督令該局官吏匠作及雇
募諳曉人匠鑄造陸續轉送南京天財庫收
貯

凡浙江江西布政司并直隸蘇松等府粮長關
領勘合催辦粮艸合用紙劄共二千九十一

張底簿中夾紙三百八十一張南京戶部移
咨本部分派安慶徽州二府辦鮮到部轉送
戶部交納

匠科　令史一名　典吏一名

凡江西湖廣福建三布政司輪班人匠隸本司
者共一萬二千六百一十三名

江西布政司八千四百八十三名

穿甲匠一千七百七十名

熟銅匠七十九名

銀匠一千一百九十八名
錫匠七百九十四名
鐵匠二千七百一名
端鋭匠五十二名
鏇匠三十三名
弓匠一百八十名
鑄匠五百八十九名
骨匠一名
刀鞘匠一十九名

金箔匠一十三名
鼓匠六十九名
爐匠五十六名
剉匠一百三名
炒匠一十九名
修勾匠五名
砍轎匠四名
針匠四十一名
絃匠一名

弦匠八十九名
土礶匠二名
擺錫匠二名
箭匠六百三十一名
火藥匠五名
鞍子匠十一名
燒礦匠一名
碎礦匠一名
梳纓匠二名

鑄銅匠三名
鑄爐匠一名
抹金匠一名
高爐匠一名
銅匠一名
靴鼓匠一名
補鍋匠二名
匠一名

湖廣布政司二千五百六十六名

鈌匠一千五百一十六名
鑄匠一百四十六名
穿甲匠一百四十五名
熟銅匠一十一名
錫匠一百三十名
端銃匠三十三名
皷匠七名
鞭子匠四名
砍轎匠一名

弦匠二名
剉磨匠五十九名
箭匠四十三名
鑄泄匠一名
銀匠三百三十二名
刀鞘匠一十二名
鍬轡匠一名
鞍子匠二名
鍍水銀匠二名

骨匠一名

釭匠四名

鏇匠四名

弓匠九十八名

福建布政司　千　百六十　名

匠一十四名

匠六百一十四名

銀匠四百八十四名

鑄匠一百三十九名

錫匠五十九名

鏇匠　十一名

熟銅匠

皷匠

銼匠

箭匠八　八　名

弓匠四十　名

弦匠六名

針匠五名

鞔牌匠二名

鞔鼓匠一名

鍍金匠二名

鍍水銀匠三名

端銃匠一名

釭匠四名

鞔牌匠三名

銅匠二名

凡應天府所屬上元句容溧水高淳六合等縣輪班人匠原係工部當班天順五年為缺匠成造軍器該南京内外守備會同本部題准每季于該府存留五十七名在南京兵仗局前廠成造軍器四年一班陸續到部送該廠上工滿日填給勘合回照

四科　典吏一名

凡南京刑部湖廣河南山西三司湖廣河南山西三道問該做工拘役囚俱送本司或發窯做工或發該衙門拘役與營繕司事體同但做工囚犯事屬窯冶本部各司俱送本司類發

俸粮科

典吏一名

凡本司官吏三年考滿給由准本部屯田司付奉本部送拠本司具官具吏呈移付到司備行各科查任内事蹟吏役内經行事件各有

無公私過名備回該司起送

凡清理文職貼黄三年一次准屯田司付到將本司各官歷任脚色備付該司類造繳報

凡本司應給散官每年十二月内准屯田司付到至次年正月内取勘該給初授陞授加授散官及各官歷任親供備付該司類報

請給

凡本司歷事監生准屯田司手本送到查照頂補其監生名缺以到日為始收俸着歷奉本

部送准各監生考勤作缺歷滿附選呈文到
司俱稟堂用手本轉送該司查照施行
凡本司當該吏典准屯田司手本轉送到司查
照頂補其吏名缺以到日為始收俸着役取
具供呈在巻查考
凡官吏監生俸粮每　立舊管新收
實在數目備付屯田司
凡官吏戶口食塩每年　月間查勘本司官
吏見在男婦口數該納　付屯田司類揔

關支

凡本司直廳　柴薪銀兩每季用手本前去南京兵部武庫司關支

凡本司公用紙劄銀兩每季用手本前去刑部山西司關支

南京工部職掌條例卷之三

都水清吏司

郎中員外郎主事掌天下陂池川瀆之政令

河防科　令史一名　典吏一名

凡留京預備

黄船一十隻該例五年一修十年一造如遇該修造之年官軍領駕咨送到部劄付督造舡隻主事督同提舉司官吏匠作料計合用物料會

有者行龍江抽分竹木局等衙門閑夫會無者行拘上江二縣該年鋪户買辦給作修造

遵照

欽限完工仍付原差官甲駕囬料價夫蘆課工食支班

匠銀兩

嘉靖七年咨送到黄舡五隻內三隻該修艌者係是楠木內二隻該改造者係是川杉等木本部差官齎價四路收買絶無川杉木植

題奉

聖旨這運舡隻既期限緊急准暫用楠木改造欽此
凡南京各衛永樂年間額設大
黄舡二十四隻　渡江并　料遠年朽爛在塢不
該修造舡九隻止有一十五隻又設小
黄舡三十六隻俱照例五年一修十年一造先年該
修者就行督造主事并龍江提舉司官吏匠
作會辦修理該改造者結申到部奏行工部
轉行本部覆查明白奏奉
欽依然後改造正德十四年該南京外守備衙門題准

令後大小黃舡例該改造南京工部委官覆勘明白即便計工料奏行本部轉行成造不必覆勘回奏其會有會無并料價工食俱仝前

凡南京各衛快舡額設七百八十八隻宣德十年奏准物料每舡以十分為率官給六分軍餘自備四分中府委官于造舡廠督造弘治十年該南京兵部奏准改造快舡一隻南京工部給銀七十两本部出草塲地租銀二十

两本舡釘板筭銀十两共一百两本部委官督造正德十二年又該南京兵部奏行會議原給銀一百两不敷成造南工部添二十两兵部添一十两底舡不許變賣留造匾浅舡裝載芦柴等用除釘板銀十两每舡共銀一百二十两每年成造六隻嘉靖元年又該南京兵部車駕司奏議每舡一隻兵工二部各加銀一十五两與前一百二十两共一百五十两每年成造一十二隻行至嘉靖四年又

該南京兵部議処底船為照每年改造快船小甲賠補不下百兩而有用底船因仍丟棄誠為可惜今后快船聽差二三十年查果損壞即將釘板估計價直內除十兩資助本船打造工食餘價定作三分南工部坐二分兵部坐一分于該給內各自扣除作數兵部覆議所賣底船必會同南京工部差該司經管官眼同驗估責付本船小甲變賣不必拘年限挨次成造仍咨該部會同南京工部議処

施行
嘉靖八年南京兵部為會議重大事宜請
聖裁以裨修省事具題
准議行内開一修船費多會同南京户工二部查議得
舊例成造快舡一隻該料價銀一百五十两
其底舡臨期估筭人得那移或生欺騙且官
須會勘未免後時合無比照漕運底舡例每
隻定作銀二十两外給官銀一百三十两令
奉

欽休歲造四十隻除底船外每年共用官銀五千二百
兩宜酌各衙門錢粮廣狭以定分数合無以
二千五百两坐派南京户部於北新關商税
餘銀内支給以一千六百二十两坐派南京
工部于蘆課銀内支給以一千零八十两坐
派南京兵部于缺官及扣剩柴薪銀内支給
其户工二部銀两聽兵部每年于正月間支
取過部以便應用間有遭漂流損壞底船難
拘定数須臨時估筭不在二十两之限所造

船隻合查復舊式稍從淺狹使易于撑駕牽挽奸人不得多攬載以緩行舡甲不致陪工料以受累且又便江防之用以不失立名風快之意其造舡之時兵工二部各委主事一員督同該廠把揔指揮等官照依時價收買舡料立限成造務使官　費有所歸舡隻堅而可久

凡新江口戰舡原額一百七十八隻划舡三十七隻三板舡三十隻巡舡九十隻擺搭浮橋

舡五隻正德九年奏添哨船一百隻造完九十七隻除正德十五年行取四十隻赴京見在五十七隻通共三百九十七隻該五年一修十年一造先年修理物料以五分為率官出二分軍出三分成化二十三年南京内外守備題稱會同南京工部議得巡船衝冒風浪易于損壞比之戰舡不同除修理戰舡仍照原擬事例遵行外其見今及以後巡舡并在舡浮動什物但遇損壞俱行南京工部支

給官料修理如官軍不行看守用心撑駕以致不久損壞并遺失器具者痛加懲治追賠等因工部覆奏備行本部從公查照如果前項巡舡曾經會議相應修理別無違碍就將該用物料查會閑支採辦仍委官一員嚴督龍江提擧司官吏匠作及南京中軍都督府差撥官軍同原舡旗軍相兼用工其或本部雖經會議有碍難行宜從徑自奏請定奪等因到部時本部右侍郎黄　因曾經會議不

復奏請即將戰巡等舡概與出料修理自後各舡官軍不復出辦弘治十六年本部因料價不敷題准將改造戰巡等舡會無物料分派直隷蘇松等一十二府廣和二州徵解應用匠作工食係修理者本司隨宜斟定係改造者照後開原定榜例于雇工班匠銀内支給

巡舡一隻工銀二十一兩五錢

沙舡一隻工銀二十六兩一錢

一百料戰船一隻工銀一十四两七錢

三板船一隻工銀七两七錢

划船一隻工銀七两四錢

二百料戰船一隻工銀三十两

一百五十料戰舡一隻工銀二十二两五錢

四百料橋舡一隻工銀二十两

二百料两頭船一隻工銀二十七两

哨船一隻工銀六两九錢

料　船一隻工銀四十二两

嘉靖四年為修武備以固畿甸事南京内外

守備衙門題

准鑄造佛朗機銃六副打造蜈蚣舡一隻查係廣東按

察司汪鋐奏有佛朗機畨舡長十丈闊三丈

两傍架櫓四十枝周圍置銃三四管底尖面

平不畏風浪立處用板捍蔽不畏矢石每船

二百人撑駕櫓多人衆無風可以疾走各銃

舉發彈落如雨所向無敵號曰蜈蚣舡其銃

管用銅鑄造大者千餘斤中者五百餘斤小者一百五十斤每銃一管用提銃四把以鉄為之彈內鉄外鉛其火藥置法與中國異銃發遠可百餘丈木石犯之皆碎自古銃之猛烈無出其右是年行取到廣東舡匠梁亜洪等三名發仰提舉司先行料造蜈蚣舡一隻長七丈五尺闊一丈六尺及南京兵仗局鑄佛朗機銅銃六付給發新江口官軍領駕操演

嘉靖五年南京外守備衙門題三門各鑄銃二副為守城之備添造蜈蚣船三隻并發新江口操演

嘉靖七年為會議重大事宜請聖裁以裨修省事南京禮部等衙門條陳內一嚴點閘減修造以紓財用據督造舡隻主事方鵬呈稱本職督造新江口戰巡等船四百隻每船一隻成造費銀二百餘兩修理亦不下五十餘兩例約五年一修十年一造動費料銀數

萬两切見船之所以速于修造者獘在撑駕官軍視爲官物不加愛惜及將隨船什物私相借貸以致易壞合無比照先年題

正陽等門查點軍器事例本部委官時臨泊船處所點閘及將前船十隻編作一帮每日輪流一軍看守等因該工部覆看得前項處置甚切時獘相應依擬但事干兵務恐非工屬一官所能獨任又一月二次點閘不無煩瑣合無添差兵部委官一員公同兵科給事中一員

每季終會同點閘如有官軍不行愛惜抛棄擡損及隨船什物私相借貸輕則責令陪償重則公同叅究其編帮輪守之規亦依所擬施行仍每季終取具官軍無遺失損壞結狀如此則法令既嚴而戰具常完修造亦有節矣奉

聖旨是依擬行欽此

一凡山東登州衛海船原設一百隻正統十三年減免八十二隻止造一十八隻歲撥五隻運

青登萊三府布花鈔錠一十二萬餘疋斤前
去遼東賞軍餘船灣泊海濵以備海寇弘治
十六年山東巡按都御史奏減四隻其十四
隻分派湖廣江西各四隻就彼成造浙江福
建各三隻每隻觧銀五千两赴部買料成造
正德四年為遭風損壞官船事題准不必打
造令後各布政每三年徵價觧部三府布花
准收折色正德五年户部奏准復造嘉靖三
年本部尚書崔　議得海船之設本為裝運

布花防禦海寇今布花巳收折色若資此以為戰艦恐遇風則奔馳莫止臨陣則重大難旋等因奏行查復奉

聖旨是海船工程依擬停止今後各布政司不許科派擾民欽此

湖額設楼座船二隻平船一十隻該三年一小修六年一大修十年改造南京光禄寺掌醞署額有供應打魚舡二隻在　水河採捕魚鮮該五年一修十年一造工料出办與

准

黄船同
凡修造戰巡等船先年本部劄　司属官一員
前去龍江提舉司督造正德十三年本部會
議題
主事一員住劄龍江提舉司督造
龍江提舉司并龍屑壩廠二處田地　俱
准佃户佃種遞年出納油麻提舉司繳収貯
庫聽候修造黄戰等船會用嘉靖五年　月
内據王　等狀告　奏　欺隱地租本部委

官踏勘查　二處田地塘　共三千三百六
十畝九分二厘五毫九絲六忽五微二圭先
將遞年欺隱地租　補以後　辦納
田二千　百九十二畝三分七厘一毫
一絲二忽
每畝納　　黄麻四斤
分　厘　毫　絲　忽
每畝納　　斤　黄麻二斤
水塘溝　二百十四畝八分九厘六毫

八忽九微二圭

每畝納桐油　斤　黄麻一斤

菜地基地坟地荒地柳埂共一百　十七

畝五分六厘一絲七忽五微

每畝納黄麻一斤

每年共該納桐油五千八百二　黄麻

一萬一千二百四十九斤七兩

織造科　典吏二名

南京司禮監

年例起運　南京太常寺關領
禮　素　展親報功各項　帛十年一大
料　萬五千段嘉靖四年添織
五段十年一造該五十段
年一造該三十段遇該造之年該
本部
匠作料計合用串五細絲白榜紙降真香等
物會有者行令各庫局關支會無者劄付應
天府支給天財庫銅錢支辦其機張盆桶木

架竹簸絡床冬夏淨衣并裝帛箱匣各色羅
絹布袱等件俱十年一次本司料造出給
堂本送監交收料價蘆課支工食支班匠銀
兩
嘉靖六年應天府奏要將丙字庫收貯堪用
絲料通行該監會支織造奉
聖旨是便行與南京工部轉行該庫查有收貯前項絲
料依擬動支查發該局收用不足之數着應
天府督鋪行辦納嘉靖七年守備太監高

題称前項絲料收庫多年粗粜不匀難以弔
絡合無仍令府縣買办工部議得蓋由先年
經手官不如法驗收又不以時曬晾致此合
候
命下之日移咨南京工部即行該庫并巡視庫藏科道
等官遇納絲料之時務要如法揀選收貯之
後仍以時曬晾庫絲不足暫行該府買辦題
奉
聖旨制帛乃奉祀享至重儀物還照

祖宗朝例行欽此
嘉靖八年為議處織造絲料及叅劾不職官
員事該戶部等衙門題奉
聖旨是制帛誥敕俱係重事絲料織造俱有成親近年
該管人員奸弊多端濫収不堪絲料在庫的
係積于無用又累鋪戶買借賠補本當究治
但年遠人衆且罷依擬着南京戶部將浙江
額解絲料徑解織染所聽科道該部委官監
同秤収神帛堂自行揀驗應用不敷之數准

于北新関課稅餘銀內截数動支委官買納
如有不堪從重究治年遠舊絲有可用的估
明减半折還原欠鋪户未領料價餘剩也变
賣銀兩收貯該部後有不敷聽支前銀買補
欽此
凡南京內織染局織造文武官員
誥勑工部咨行本部劄委本司官并織染所
官吏會同本局內臣料計合用物料會有関
支會無行應天府會同科道官估支天財庫

銅錢買辦織成不拘多少織染所申部仍行委官驗看誥身細密顏色鮮明花樣篆文合式次日本司掌印官同該局官過送南京印綬監裝表如有稀鬆淺淡不合式者退還該作重造

正德三年本司查照先年事例料計

誥勅一萬八千五百五十道用紅花烏梅各一萬五百六十八斤十三两三錢該局因先年工部咨內有絲料人匠不足宜從南京工部徑自設

法措辦之向執要加添紅花烏梅本部摠添
紅花四千斤烏梅四千斤該局遂指為年例
逐年催取本司亦失于查照逐年辦送嘉靖
七年六月本司郎中倪霦檢舉呈堂本部侍
郎何　題奉
聖旨是這該局官員嘉靖元年以後多收物料的都提
了問照數查追還官該司官吏准照檢舉免
究仍行南京工部今後務痛革前弊不許多
取冒濫有犯從重坐以侵尅罪多不饒欽此

凡南京印綬監揭帖開取裝表
誥勅命軸合用細白榜紙金箔菜玉象牙瀛沙等料到
部送司通行南京織染所等衙門料計回司
案呈　白楊木於抽分局關支金箔
于應天府　白　無細白榜紙等料劄付
應天府會　等官估支天財庫銅錢買
辦其菜玉象牙瀛沙本部具題于工部關支
到部轉送該監應用其造軸頭等料家火併
行料計會有關支會無動支蘆課買辦工食

於班匠銀内支給裝表完日本司造裝盛板箱氊套索扛鎖鑰旗號紙張等件送監起運本部差辦事官同該局堂長管解咨行南京兵部撥馬快船隻咨送工部驗收

凡單馬雙馬起舡符驗先年遇該織造印綬監奏差内使于南京印綬監内織染局織造弘治十四年工部題准免行差官止令本監開數移咨南京工部轉行南京印綬監内織染局織造

凡南京織染所每年織染欽天監進
御覽曆日包裹銷金羅袱合用柘黄綠羅若干疋金箔
若干貼工部開取到部劄仰該所照沿料造
合用絲料會丙字庫関支金箔行應天府動
支官錢買辦工食付屯田司支給織完該所
堂長運觧限八月以裏到部

凡
奉先殿等處器皿項下合用柘黄紅絲羅紗弘治十
五年以前俱南京織染所織造弘治十六年

為修省陳言事奏准工部織造南京織染所任織

凡內織染局用曬晾木架二座厇護朽三十四箇弘治十六年嘉靖四年節該本局題准備行本部料計成造送南京內織染局起運

凡南京內織染局用曬晾木架擺洗盆桶并馬頭礓磜等年久損壞俱本司料造每年用烘機木炭一萬九千一百七十斤于龍江抽

分竹木局徑自關支織造房用遮暘雨篛一千二百扇清江門外龍園廠用竹篓等九百二十二件弘治十三年該局奏行本部料造應用正德十四年該局又奏料造遇正德十六年

詔書事例停止

凡南京供應機房如遇差官織造合用機張等料俱本部修理弘治間原設機二百張正德二十年又添一百七十張共三百七十張嘉

靖七年提督織造太監劉聰要照正德年間
添設機張事例修機三百七十張本部右侍
郎何　題
准着南京户兵工三部會同提督内臣協心酌處是年
减六十張織完起運其裝盛板箱等件亦本
司料造
凡浙江等布政司并直隸蘇松等府歲造叚疋
蘸木先年徃北京
内府丁字庫関領成化十五年工部題准各處查會

明白徑自差人南京工部告投轉送南京丁字庫照數支回應用南京司禮監関塡勘合南京戶部比號南京兵部起關應付年終將各處関過蘇木数目造冊奏繳

凡每年

上用蝇拂鞭子蠟布包子等件該南京鞍轡局領價成造送司驗中該局具本委官於五月端午日

御前奏進

凡光禄年换器皿共一萬二千件工部歲造八千四百件本部造三千六百件劄委本司官一員屬官一員督匠于廠成造解赴工部轉送寺交收合用物料會有関支會無徇該年鋪行辦納本部行文都察院并該科及應天府掌印官會同估直量泒直隸蘇松等一十二府徵解到部照估支給委官起運之日咨行南京户兵二部関支官運作頭口粮差撥馬快舡及牌行上江二縣取撥扛擡人夫匠

作工食於班匠蘆課等銀内支給

凡南京光禄寺每年奏開修造

奉先殿供用硃紅漆卓祭器羅袱等件咨行到部送

司稟堂查照舊例其修理供章等件合用生

漆一百八十斤水花硃一十四斤香油八斤

苧布五疋五尺中白綿五兩會有関支會無

買辦批送該寺典簿廳交收發工應用其成

造黄線羅銷金三幅夾袱六條該用外黄羅

裹黄熟絹各三疋零一丈二尺黄油絹銷金

三幅單袱六條該

廣東廣西四川七布政司辦解送監交納本司造裝盛箱櫃桶扛等件送監起運合用物料會有閑支會無分派直隸蘇松一十二府廣和二州辦解工食于班匠蘆課等銀内支

給

南京内官監成造

大祀天地并

奉天等殿奉天等門乾清等宮御道礓𥫱等處鋪墊

棕藁薦嘉靖二年咨取四百四十三領該棕

毛五十一萬八千六百三十二斤八两分泒
浙江福建江西湖廣〻東五布政司并直隸
蘓松等一十二府廣和二州辦解嘉靖四年
咨取
世廟前後殿宇廡廊御道礓磜等処棕藁薦大小五
十四領該棕毛十萬九百九十六斤分泒直
隸蘓松等一十二府廣和二州辦解并送該
監交收本司料造裝盛木櫃等件送監起運
料價支蘆課工食支班匠銀内

南京内官監成造南京尚膳監進

獻新鰣魚鮮　守備衙門進

薦新菓品合用裝盛金漆木桶竹絲涼盒尾罈竹簍并本監氷窨擡桶等共四萬九百九十一件三年一次料造合用物料除會有生漆等料該監徑自于南京丁字庫關支其餘尾罈二千七百七十二個尾罐一百三十箇移付虞衡司燒造徑自送用青筀竹等料分派蘇松一十二府辦解到部用堂本送監交納正德

十三年增添鮮笋時魚本司增造水桶四百隻南京内官監自嘉靖四年以後每年成造裝送

上用細米竹籮一百隻合用物料會有關支會無買辦送監成造仍造裝盛板箱一百箇送監起運料價支蘆課工食支班匠銀内

南京内官監自嘉靖五年後每年添造大簸箕大小篩烘籃焙籠等共六千一百一十件

物料會有關支會無買辦送監成造仍造裝
盛木櫃一百一十五箇送監起運工料出辦

同前

南京内官監每年成造前項起運物件自有
食粮軍民人匠一千九百名本部又每季票
撥班匠一十四名添造竹器項下二十三名
每月又支本部雇覔工食銀二百七十两嘉
靖七年本部尚書胡　題奉
聖旨是這人匠揀選藝精的四百名送該監應用不許

似前行取雇工銀兩以後朦朧奏討的該部不許依阿擅與如違聽科道官叅奏處治欽此

凡南京供用庫每年揭帖開取香稻竹籠五十箇合用物料先年會有開支會無支鈔貫收買天順初年改支應天府官庫錢物成化二十三年該府錢物不敷改會本部囚人銀兩項下支買以後俱本部委官會買督造送庫交納工料出辦同前

南京供用庫供用各處香油蠟燭合用碾香鉄碾打油木榨等件損壞奏行本部料計會買送庫成造工料出辦同前

供用庫額辦茭苗等箒通行分派直隸應天府蘇常等府州每年辦觧到部出給堂本轉送該庫交納

蘇州府芒苗茖箒一千把

常州府茭苗茖箒一千把

鎮江府茭苗茖箒一千把

揚州府芟苗苕箒一千五百把
淮安府芟苗苕箒一千五百把
寧國府竹掃箒一千把
廣德州竹掃箒六百把
應天府竹掃箒四百把

凡

孝陵神宮監進姜苗果品等物合用竹籃每二年成造三百箇弘治七年該監奏准增添四百九十六箇共七百九十六箇鉄事件鎖鑰扛索

俱七百九十六件合用物料杉條木會有閑
支青猫筀竹具題輪派直隸寧國府等府採
辦嘉靖七年改會龍江瓦屑壩二抽分竹木
局桐油等料支給蘆課銀買辦轉送該監
成造

孝陵神宮監搭蓋薑棚葡萄架十座計一百間先該
本監奏准五年一次搭蓋合用松柴木一千
根龍江抽分局會支其青筀竹三萬根具題照例
分派寧國常州二府該工部覆准各処災傷

奉有存省事例仍行本部轉行該監會查舊搭竹木内堪中者明白作数量與增添新舊兼用不要分派已經委官會看量增松木五百根於龍江局関支青筀竹二萬根令鋪户支蘆課買辦送用正德十一年又将十二年至十六年分物料照数具題准減半関支正德十三年

孝陵神宮監奏要将松雜木一千根青筀竹三萬根照舊関支本部議定每次松雜木一千根青

筀竹二萬根倶會二抽分竹木局支送該監
應用
殿
懿文陵二處長明燈香油合用石碾石磨
并各園栽種菜蔬器具節該本監奏准料造
送用
孝陵神宮監打造紅花靛藍合用曬晾紅花筬簞簸
子并打靛缸桶等損壞本司相看料造靛缸
付虞衡司發窯燒造送監應用
孝陵神宮監靛青廠年例打造合用礦子石灰六千

斤內織染局清江門外靛園廠合用礦子石灰二萬斤各該局揭帖開取到部俱付虞衡司轉行瓦屑壩石灰窯關支應用

凡南京司苑局五年一次搭蓋薑棚葡萄架三十六座計三百六十間合用松雜木二千四百根青筆竹三萬六千根杉木一千二百根俱會龍江瓦屑壩抽分局關支

南京司苑局進薦新荸薺藕鮮薑果品物三年一次料造竹籃木架鎖鑰俱一千七百五

十五件木扛麻索俱二千二百五十五條合用物料會有關支會無具題分派寧國等府辦解送局成造

後闕

部徑自買料成造工部覆准照依京價每根該銀五兩嘉靖五年正月准工部咨每根該銀叁兩五錢

凡南京酒醋麫局裝酒瓦瓶水竹箬葉先該二十年一次瓦瓶十萬箇水竹一萬根箬葉五千斤自成化十年起每五年一次取用瓦瓶二萬五千箇派寧國府燒造水竹二千五百根箬葉一千二百五十斤派直隸太平府採辦

凡南京光禄寺年例造運煮酒一十萬瓶并
奉先殿等處供養祭祀酒醴該糯米二千四百石計
該封酒水竹四千二百根若葉二千四七百斤
石灰一千六百斤加添一千斤麥穗二百五
十石加添一百五十石每年該寺呈取到部
轉行應天府支給官錢着落上江二縣收買
解部轉送該寺交收嘉靖七年為修省事會
議題
准免解瓶酒改光禄寺醞造南京工部歲解醡酒絹袋

三百袋解寺應用竹葉紙張於挑酒竹籮扛索蘆蓆價銀通融買辦原派上江二縣出辦價銀四十两停免續據南京光禄寺呈称除改造應免外存留本署糯米一百二十七石造酒供應合用水竹二百二十二根若葉一百四十三斤石灰八十五斤麥穏十三石二斗難以概免等因到部仍行應天府轉行上江二縣扣数辦用

凡南京針工局每五年一次起運内官長隨内

使等冬夏衣服鋪陳先該本司成造裝盛紅油板箱七百箇嘉靖四年該局料造板箱一千五百箇本部查照舊數移咨工部題奉
聖旨令次板箱着該部成造一千箇送　　只照舊
例欽此
凡
大祀
天地時享
太廟

世廟及各
山陵祭祀
萬壽聖節等節朔望
朝賀日逐
觀闕前陳設幷
慶成宴會同館夷人筵宴俱用樂　冠頂衣服執色
等件遇有損壞工部委官領　式樣咨送前
來本部委官料計修理
凡南京

太廟孝陵歷代帝王等廟
楊王墳等處祭器及禮部太常寺
龍亭儀仗神樂觀樂器　山帽舞衣等　俱　本
部委官料計修造
凡
親王之國合用祭器祭服及樂舞　人等衣服
冠袍等項該用一字襴紵絲紗　裙行
浙江金華府織造局織造磁酒樽罈
等件行江西饒州府浮梁縣燒造石磬行

直隸鳳陽府採辦解部其餘樂器祭服等俱
本司委官料計成造該府長史司差人領用

凡
皇城銅符令牌皮套
内府巡城五城夜巡牌套并旗手等一十三衛官員
懸帶守衛牌絛牌櫃等件南京尚寶司奏行
本部委官料計成造各處領用料價支蘆課
工食支班匠銀兩

凡南京錦衣等衛烏龍潭等倉斛斗升籌秤尺

等件准南戶部及總督粮儲 咨開損壞數目到部委官料造各倉用印信關防領狀領囬送南京戶部較勘印烙應用 工料出辦同前

凡後湖冊庫十年一次大查黄冊官員監生人等合用卓椅床帳器物該南京戶部奏行本部委官造辦送用料辦同前

凡琉球國官生自洪武永樂宣德成化正德等年有石達魯蔡賔蔡進等嘉靖五年有蔡廷

美等節來入監讀書習禮該南京禮部題
准將合用冬夏衣服鋪蓋床帳器用等件咨行到部委
官料計會有関吏會無照依先年事例劄付
應天府轉行上江二縣支給官錢令鋪辦送
司驗明轉送南京國子監典簿廳交收成造
給發取領回報其椅卓床杖等工食支班匠
銀內衣服帳幔等工食行上江二縣支給

凡
皇城四門洪武初年設有厨房碓房定撥金吾前等

四衛恩軍舂米做飯供給守衛官軍篩下細
糠送
神宮監等衙門餧養牲口宣德年間本部每季摘撥
班匠六名修理損壞景泰年間住撥成化間
該南京內外守備奏准又行成造風車篩簸
等件弘治年間各門節行本部修造盆桶碓
張嘉靖元年五月為陳言時政事停造住支

匠科

令史一名　典吏一名

凡江西湖廣福建三布政司輪班人匠隸本司

者共二萬一千二百四十七名

江西布政司一萬五千七百九十九名

船木匠五千一百七十四名

艌匠一千六百四十九名

裁縫匠六千二百四十八名

絮匠三十八名

染匠一千四百零四名

索匠一百三十六名

纜匠五十名

若蓬匠五十四名
腰機匠一百四十二名
傘匠四百五十七名
捐布匠八名
䉶匠一名
打線匠二十四名
綿匠二百一十一名
絡絲匠七十七名
絡緯匠六名

扇匠四名
篾匠三十一名
繩匠一名
鋪綿匠二十名
絮匠八名
染紙匠二名
金箔匠一名
洗白匠八名
織匠三十八名

挽花匠六名

大機匠一名

紅麯匠三名

擘綿匠一名

銷金匠一名

油灰匠一名

湖廣布政司三千五百三十三名

船木匠一千一百三十七名

艌匠五百九十四名

裁縫匠八百六十五名
打線匠一十九名
綿匠八名
絡絲匠二百六十四名
染匠四百三十一名
腰機匠二十六名
織匠七十三名
蒻蓬匠二十六名
摺布匠二名

傘匠五十八名
篾匠四名
索匠十一名
挽花匠三名
縱線匠七名
扇匠一名
纜匠三名
銷金匠一名
福建布政司一千九百一十五名

若蓬匠三十八名（大）

船木匠一百一十一名

艌匠七十七名

櫓匠六名

絡絲匠四十九名

打線匠十六名

染匠六百七十名

裁縫匠六百三十五名

傘匠七十名

索匠四十名

綿匠二十二名

籰匠一名

纜匠四名

扇匠二名

絡緯匠一名

腰機匠六十八名

挽花匠十七名

結棕匠六名

削　匠七名
洗白匠四名
織匠三十三名
油灰匠二名
挑花匠二名
篾匠二名

雜科　典吏一名

凡修理橋梁水洞泊岸溝渠街道該南京內外
守備揭帖到部准營繕司付或各該城兵馬

司呈報要行修理稟堂案呈委官料計會有関支會無買辦價支蘆課工食支于班匠銀两

凡内官監成造鑑粧鏡架起運裝盛工部咨行本部送司案呈委官料計合用物料坐派直隷府州辦解赴部出給堂本送該監上納成造起運

凡欽取降真等香該南京丁字庫起運合用裝盛櫃杠南京内守備揭帖到部送司

案呈委官料計以十分爲率本部成造六分應天府成造四分會有會無物料工食俱同前

凡本司官吏三年考滿給由本部屯田付奉本部送據本司某官某吏呈移付到司備行各科查勘其官任内事蹟吏役内經行事件各有無公私過名備細諒司起送

凡清理文職貼黄三年一次准屯田司付到

將本司各官歷任脚色備付該司類造繳
報
凡本司應給散官每年十二月内准屯田司付
到至次年正月内取勘該給初授陞授加授
散官及各官歷任親供備付該司類報

給

凡本司歷事監生准屯田司手本送到查照
頂補其監生名缺以到日為始收俸着歷
奉本部送准各監生考勤作缺歷滿附選

等呈到司俱禀堂用手禀轉送該司查照
施行

凡本司當該吏典准屯田司手本轉送到司查
照頂補某吏名缺以到日為始收俸着役取
具供呈在卷查考

凡官吏監生俸粮每月終開立舊管新收開除
實在數目備付屯田司關領

凡官吏户口食鹽每年二月間查勘本司官吏
見在男婦口數該納鈔貫付屯田司類揔關

支

凡本司直廳并柴薪銀兩每季用手本前去南京兵部武庫司關支

凡本司公用紙劄每月初用手本前去南京刑部山西司關支

遞發科　典吏一名

凡南京刑部江西廣西四川等司江西廣西四川等道并應天府江寧上元句容江浦溧陽六合等縣有問該做工拘役囚犯俱送本司

該做工者引堂註簿分撥瑠璃等窯類送虞
衡司轉發做工該拘役者徑發該管衙門照
罪拘役滿日仍送原問衙門完卷

南京工部職掌條例卷之三

南京工部職掌條例卷之四

屯田清吏司

郎中員外郎主事掌天下屯田之政令

屯種科　典吏一名

凡各處歲報牛隻文冊各該都司衛所造冊齎繳右前等府轉送本司備照弘治七年總督南京粮儲右副都御史李議得撫巡視屯田監察御史朱𢙼呈称各衛屯牛俱自洪武永樂年間俵散各屯軍士領養以備耕種慮恐

私賣宰殺隱匿倒死行令遞年造冊繳報今百餘年來人已物故牛已死傷各衛率循事故事造冊歲報雇債書手費用紙筆科斂之害以年繼年是官執虛文而民受實害也乞為除豁以惠窮軍具題

准議行工部咨行本部又經備查去後自是不復歲報

凡洪武初年成造海運及防倭戰船所用油漆棕纜悉出于民為費甚重乃于朝陽門外植

棕漆桐樹各千萬株南京留守左後二衛中千戶所委官管理編立甲軍看種弘治十一年將原開地畝分三等則例上地每畝種樹十株中地八下地六各照數辦納斤兩至期解司秤收貯庫如遇各司修造應用移付會支

棕園一處計五百一十九畝一分四厘五毫八絲三忽留守左衛百戶王林管理每三年一次共納棕毛四千五百四十九斤

八两

漆園二處計九百六十一畝七分畝守後衛百户俞立叢英管理每三年一次共納生漆一千七百三十六斤一十四兩六錢

桐園二処計一千三百一十一畝三分畝守左衛百户李勲黎秦管理原額每年該納桐油二千二百二十四斤四两六錢續該軍餘吳能曹傑郭敬報添五十七斤

共該油二千二百八十一斤四两六錢

凡折苗生漆

國初分派直隸廬州池州二府所屬州縣辦納漆苗共五萬株後該工部會議奏准將漆苗任納照取漆事例漆苗一株折収生漆一两每三年一次

茭苗草

三十分取二

杉木　軟篾　棕毛　黄白藤

十分取二

松木　松板　杉篙　杉板

檀木　黄楊　梨木　雜木

檐柸　鋤頭柄　竹掃箒　茭苗苕箒

猫竹　水竹　雜竹　木炭

煤炭　竹交椅　筀竹　黄藤鞭桿

永樂年間抽分則例

三十分取六

松木　栢木　椵柴　椵木

長柴　把柴　雜木塊柴　鞭桿

松木板　煤炸　木炭　檀木

片柴　杉木板　猫竹　水竹

筀竹　杉篙　車軸　車輞

車輻　雜竹　箭竹　黃藤鞭桿

雜木檐板　茭苗茗箒　竹掃箒　芒苗茗箒

石竹篾　木柴

三十分取二

棕毛　蒿柴　荳楷　蔔楷桿

三十分取二

石灰　石炭　杉木　磚瓦

黄藤　白藤　軟竹篾　黄

三十分取一

茅草　稻草

穀草　雜草

三十分取五

蘆葦

三十分取十五

蘆葦柴

見行則例

三分取一

茅柴　稻草　茭草　藁草

十分取一

磚瓦　棕毛　軟篾

黃楊木

十分取二

柴
松木
松板
杉板
檀木
雜木
猫竹
水竹
雜竹
箭竹
木炭
茭苗
苕箒
鞭桿

十分取五

蘆柴

三十分取一

石灰

洪武間令客船量数带載沿江燒造官磚于本部交納以後停止永樂三年令照舊納磚每百料船納磚二十五箇沙磚加倍後減定磚二十箇沙磚三十箇令五十箇正德十四年題准每磚二十箇折収銀二錢八分按季解部公用

成化十五年奏准南京龍江瓦屑壩二抽分

竹木局抽収在塲竹木等物每年南京工部
都察院各委官一員監督抽分官員查盤見
数聽候領用变賣造冊奏繳一局官考滿事故
交盤明白方許離任惜薪司柴薪供應大庖
厨照舊用潔浄雜木其餘俱于所抽柴炭内
支放或朽爛木植内定数折支各衙門造作
該用物料具印信領狀関領不許冐支多泒
正德二年本部題准自今年始七月分以後
但有報到杉條等木仍分四等上二等抽収

本色下二等折收銀兩
嘉靖四年南京山西道監察御史黏燦奏准
龍江瓦屑壩二局抽分木植堆積既久日漸
朽壞合無查照三年一次変賣舊規差委公
正官員盡數查盤変賣銀兩解部類貯別用
以後抽竹木仍照正德二年例上次二杉條
抽收本色中下二杉條折收銀兩將棕毛黄
藤雜竹軟篾類全收折色
凡本部徵收蘆課原額銀二萬六千七百六十

四两七錢

新增銀六千五百六十九两七錢五分厘四系一忽一微五塵

開除堋江銀七千八百二十七两五錢六分一厘八毫六系六忽二微九纖三塵九沙

實徵銀二萬五千五百六两八錢八分八厘七毫七絲四忽九微一纖一塵九渺一沙

應天府上元等五縣江淮等廵檢司
原額銀三千九百二十五兩二錢
新增銀二千八百五十一兩二錢

南京
龍江左衛
新增銀一百六兩八錢三分四厘二毫
橫海衛
新增銀一百四十六兩七錢七分九厘二毫三絲七忽

江陰衞
新增銀六两五錢九厘三毫四絲二忽
衞
新增銀五錢五分二厘

直隷
鎮江府金壇等三縣包港等巡檢司
原額銀一千六百三十八两一錢
新增銀一千四百七十一两五錢六分八厘二毫四絲一忽

太平府繁昌等三縣三山等巡檢司
原額銀二千八百四十七兩八錢
新增銀一百三兩四錢二分一厘六毫九
微
揚州府儀真縣等舊江口等巡檢司
原額銀二千三百三十兩五錢
開除坍江銀一千七兩四錢五分五厘一
毫七絲四忽六微六沙
安慶府懷寧等陸縣小孤等巡檢司

原額銀七千四百三兩八錢

開除坍江銀四千二十六兩四錢六分六

厘四毫一絲六忽四微

廬州府無為州泥汊河等巡檢司

原額銀二千七百四十九兩六錢

開除坍江銀七百一十四兩三錢六分六

厘九毫三系五忽二微九纖三塵

池州府貴池等六縣池口等巡檢司

原額銀二千八百九十六兩三錢

開除坍江銀八百零二两八錢四分一毫三絲

和州浮沙口等巡檢司
原額銀六百七十八两二錢
新增銀四百五十一两六錢一分一厘六絲一忽五塵

安慶衛
新增銀七百三十五两一分三厘一毫八絲七忽四微

九江衛
新增銀一百八十四兩七錢一分五厘四毫五系
儀真衛
新增銀一十六兩七錢三分三厘九毫二絲一忽九微
江西
九江府湖口等三縣龍門等巡檢司
原額銀二千二百九十五兩二錢

開除坍江銀一千二百七十六两四錢三分三厘二毫一絲

南昌衛

新增銀一百六十三两六錢八分二厘七毫二絲

湖廣

黄州府黄梅縣

新增銀二十六两三錢四分九厘二毫

蘄州衛

新增銀三百四两七錢七分四厘八絲

景泰年間奏准應天等府歲辦蘆柴以十分為率减免四分三分折銀三分本色成化九年令于三分本色内一半折銀每束二分俱送應天府庫收貯支用折納木柴者每百斤折銀四分

弘治元年奏准沿江一带蘆洲除

欽賜欽撥并内外衙門舊額及先年軍民人等開墾起科納銀經黄冊造定者照所撥納銀數目定

立界至給明文管業其餘有曾告承佃而舊額洲塲坍塌者即將新佃𠔏課依數湊補本處舊額見在或有新生別洲許令撥補附近坍塌不敷之數

弘治三年令蘆𠔏每束連脚耗徵銀四分

弘治五年奏准九江安慶每畆好蘆地科銀三分二厘稀蘆地二分二厘池州好地三分五厘稀地二分五厘應天揚州太平鎮江廬和等府州好地四分稀地二分七厘各處每

畝熟地三分五厘軍軍屯熟地并灘田地各三分低窪熟地二分五厘荻草地二分草塌一分五厘草蕩一分起科納粮者免徵柴課有願徵粮不願納課者聽
嘉靖元年本部奏准蘆葦生于沿江水次旱澇不能爲患比民間田土不同應納課銀遇宥不在蠲免之数
嘉靖二年題准咨行本部嚴督原委郎中等官親詣蘆洲處所督同軍衛有司查勘先年

原額蘆地若干見在今若干坍江失業新生蘆洲若干計除四至無有餘欠者照課辦課外若有新生洲地被人暗占事發告官督令該管府縣從公丈量照例起科納課仍查以前三年埋没課銀照数追徵示戒如自首免追其有坍江失業就于新生未首数内撥補若在正德十六年以後首告濫得者亦盡查出照畝給還原佃及近坍江家餘地報官起科另給有勢豪不服斷理因而告争者輕則

徑自究問重則叅奏治罪該部仍出榜仰該
管衙門常川張掛令後若有坍江新生蘆洲
許佃戶人等具告轉申本部委官勘量文冊
項下明白開列收除以憑撥補如有隱匿或
被告或訪出隣佑一體治罪管洲委官巡歷
日期二月初旬出部四月終旬回部六月初
旬出部八月終旬回部十月初旬出部十二
月終旬回部每年催完二萬五　兩以上是
為舉職移咨吏部量加擢用催完二萬兩以

下俟考滿亦書称職僅一萬两上下是才力
不及移咨吏部聽其降調
嘉靖六年南京禮部等衙門會議題
准但有奏告蘆洲牽引别事赴隔别衙門提問者先送
本部管洲官查明方許問理
本部委官領
勑清蘆洲弘治元年題准具名奏請正德七年以後槩
行南京工部郎中等官不妨原務馳驛廩結
往來有洲地方如遇陞除事故聽該部推選

相應官員具奏就將今奉
勅書交與代替官員一体欽遵嘉靖二年本部奏
准添選本司主事一員分管司事其徵蘆課就于本司
郎中員外郎主事内選委公廉才幹一員管
理務候三年考滿方許交代嘉靖七年五月
本部奏換

凡府州縣申解蘆課等銀并龍江瓦屑壩二局
收有磚料抽分等銀到部送司稟堂照數秤
收以備各司修造之用如遇該司移付到司

案呈本部照數支給具印給領狀附卷每月
初二十六放支次日將放過數目開報月終
又將收放過揔撒數目備開呈堂查考
凡營繕等司各項修造會支龍江瓦屑壩抽分
竹木等料本部置立號簿二扇一扇本司收
掌一扇該局收掌又用半印堂號紙或五十
張或百張給營繕所等收執如遇各作領料
該衙門將原編半印堂號給與填寫數目帶
領本匠當堂引稟送司比對硃墨字號及原

會數目相同發局放支該局覆查無異然後
給散
凡南京光禄寺歲用柴薪大官署一百八十萬
斤珍羞署一十三萬九千六十斤掌醢署四
萬斤良醖署原會五十萬斤續加添七萬七
千六百一十四斤嘉靖七年正月内将加添
木柴停免
本年七月内會議題
准将嘉靖八年并以後年分起運真酒一十萬瓶改光

祿醞造該用木柴四十五萬四千六百斤停
免將運柴腳價解京餘柴四萬五千四百斤
存留本署造辦祭祀酒醴等用除停免外共
存木柴二百二萬四千四百六十斤每年呈
會本部一用手本差吏送赴
內府南京司禮監關領江勝柴二字號勘合二道填
寫柴數轉發龍江瓦屑二局關支一用手
本赴
內府南京該科關領西字號勘合一道填數照進光

禄各署交收一劄付應天府轉行上江二縣僉差坊長二名本部出給屯字某號長單本司給批發付管運一劄付龍江瓦屑二局照數放支一劄付該寺嚴督坊長関運先年應天府委官一員嘉靖二年該寺奏准革去止令坊長管運每年光禄寺并惜薪司飯堂等處運柴脚價共該銀三千四百二十餘兩該府奏准同直隸蘇松常三府均派出辦徑解應天府收貯給散

凡南京太常寺每年祭

孝陵懿文陵共用木柴二萬斤每年八月祭

歷代帝王用木柴三千斤各呈會到部劄付龍江瓦

屑壩二局照數放支仍行應天府轉行上江

二縣撥夫運送餘自備人夫関支

神樂觀樂舞生三百五十名每名日支柴一

斤二两五錢每年共柴一十四萬三千六百

六十四斤一两閏月添支一萬一千七百三

十五斤十五两該寺呈會到部用手本差吏

齋赴

内府南京司禮監関領江柴號勘合一道回部填寫

柴数發局驗放餘皆准呈經劄付本局放支

每年四孟并歲暮祭雞鳴山故功臣并忠烈

王等六廟每季用木柴四千三百斤五尺圍

芦柴三十四束

每年祭五祀并各廟用木柴一萬斤

每年祭都城隍用木柴一千斤

每年二丁祭

先師孔子共用木柴六千斤
犧牲所養牲旗軍九十九名二年一次每名
月支柴一百斤共支柴二十二萬九千三百
一十三斤閏月加添九千九百斤
凡南京惜薪司年例供應
大庖造辦膳羞等項合用松雜木柴四十萬斤計一
千四百二十根并
內府供用庫等衙門打油造酒等項及各監司局庫
內外關竈廠等處內官內使人等燒用江東

門等三處飯堂賑濟合用把柴三百二十二萬四千一百斤木炭二十萬斤該司徑行龍江尾屑壩二局關支

凡南京禮部每年成造

大統曆日咨取木柴一百六十六斤

凡南京中軍都督府每年炮煉藥餌調治患病軍士每季支炭二千斤木柴三千斤

凡南京内織染局每年煉染絲料開取順水長柴并雜木股柴四十萬斤

凡錦衣衛　　　　　　柴　　萬
千　百八十斤木炭七百四十四斤
凡光禄寺官生二名入監讀書　　名每
名每日支柴五百　十　斤
凡
長安等王門守衛官軍舊有做飯柴薪嘉靖二年五
月為陳言時政事例
嘉靖二年十一月内准工部咨開司禮監題
取成造

上用經書画軸等項該用裝盛箱匣并画軸楣桿等件
到部委司官一員會同南司禮監委官前去
蕪湖抽分廠龍江瓦屑壩二局照咨取數陸
續印烙起運
嘉靖四年四月内准工部咨開御用監題取
成造
龍床頂架誥勑等匣冠頂等箱合用竹木板枋計一
十萬根塊
嘉靖四年十月内准工部咨開内官監題取

宫人内宫内使人等棺木二千副合用松板枋二萬六千　　起運俱同前

匠科　典吏一名

凡江西湖廣福建三布政司輪班人匠隸本司者共一萬三千三百六名

江西布政司八千五百三十八名

竹匠二千七百三十八名

油漆匠六百六十九名

瑠璃坯匠一百三十四名

磨鏡匠五名
瑠璃匠四百八十二名
木桶匠三百九十八名
斛斗匠一名
雕鑾匠七十三名
熟皮匠四百五十八名
粧鑾匠一百三十四名
彈綿花匠四百一十四名
毡匠二十三名

五墨匠三百九十三名
緜匠四名
摟線匠七百八十名
筆匠三十六名
刋字匠二百五名
紙匠一百六十八名
刷印匠四百五十七名
黑窯匠四百七十二名
膠匠一十三名

捲胎匠一十名
表背匠九十三名
木梳匠二十三名
圓桶匠一名
秤匠五十二名
羅帛花匠五十八名
蛤粉匠三名
篾匠一十三名
粧塑匠一名

打紙匠四名
画匠二名
刷牙匠一名
瑠璃揑塑匠一十一名
滌匠一名
穿交椅匠一名
螺鈿匠一名
篦梳匠二名
銀硃匠八名

履鞋匠一名
通草匠一名
角梳匠二名
擘綿匠二名
才曆匠一名
掠匠一名
冠匠一名

湖廣布政司三千八十五名

油漆匠三百七十二名

紙匠五百四十四名
筆匠九名
五墨匠四百七十八名
竹匠六百八名
熟皮匠二百四十名
黑窯匠一百二十名
雕鑾匠三十名
釘鞍匠一十二名
刋字匠八十七名

熡線匠三百六十二名
粧銮匠四十四名
箋匠一十四名
刷印匠一十三名
黑窯坯匠二十二名
毡匠一十三名
鉛粉匠五名
木桶匠二十九名
表背匠一十一名

打角匠一名
瑠璃匠六十二名
皮箱匠一名
羅帛花匠二名
瑠璃揑塑匠一名
秤匠二名
攢頭匠一名
蒸匠一名
才曆匠一名

福建布政司一千六百八十三名

木桶匠一百七十五名

打角匠一十三名

縷線匠　百六十四名

穿珠匠　名

匠　名

熟皮匠七十四名

竹匠二百九十七名

表背匠二十八名

五墨匠一百六名
草薦匠二名
　漆匠一百七十二名
紙匠一百一十名
彈花匠六十八名
刷印匠四十六名
秤匠九名
蒸籠匠一十八名
粧銮匠二十九名

羅帛花匠四名
草蓆匠九名
刋字匠三十名
捲胎匠六名
木綿花匠二名
青藨絛匠一名
擺錫匠一名
磁器匠一十名
雕鑾匠三名

撚金匠三名
黑窯匠四十三名
青䕩匠一名
縧匠二名
毯匠一名
冠帽匠二十二名
木綿花毯匠四名
筆匠三名
捏塑匠五名

木梳匠一名
黑窯坯匠七名
翠花匠二名
瑠璃捏塑匠一名
瑠璃匠二名
画匠一名
打旼坯匠一名
毡匠一名
凡江西湖廣福建浙江并直隸廬州徽州府廣

德州等処額設住坐鈔紙匠六百零九名每五年各處清匠官該通查解部本司連人轉發南京寶鈔提舉司查有空缺將解匠丁收補具收管回報如無空缺仍送司批回聽繼

雜科　令史一名

凡本部直堂皂隸三十名　近奉例裁革十名

把門五名

看倉四名　內二名兵部解人應當

看庫二名　內一名兵部解人應當

通計四十一名内除減去十名觧人當三名
其二十八名每人該銀一十兩逐月用手本
赴兵部關支
尚書柴薪一年十二名
侍郎柴薪一年十名
司務廳柴薪一年二名　直廳二名俱按季支送
郎中員外郎主事柴薪一年各四名
直廳一年共四名　各司自用手本關支
凡本部四司并合属官吏給由考滿具由呈本

部發送本司轉行該衙門結勘無碍本部仍
委司務公同清查將經手錢粮承行文卷交
代明白

凡南京吏部驗封司每年用手本取勘　該請給初授陞授加授散官職名歷任親供緣由到司移付各司并行所屬取勘轉繳

凡三年照刷文卷南京之織道監察御史案行到司將本部合屬衙門一應錢粮等項卷宗批差該吏送刷

凡本司并司務公用紙劄每月初用手本前去南京刑部山西司關支

凡內官監供應紙劄二十年一次奏行南京內

宫監轉行到部備行應天府着落上江二縣
集該年鋪戶關支天財庫錢鈔收買送監進
用本司辦造桼紅油板箱竹雨罩毯扛麻索
糊口護封單榜紙白麪桐油出給批單送監
裝運

凡南京司禮監年例糊飾
太廟奉先殿孝陵等処殿宇　置各項勘合
抽分盤粮盤庫及守備等衙門關用紙劄成
化十年該監題准十年一次收買工部咨行

本部劄付應天府會同科道等官照依時直委官支給天財庫銅錢于產有處收買本部給與長单送監交收應用取獲批迴附卷每次買白榜等紙共六萬六千七百一十三張

凡南京巾帽局起運物料合用裝箱或三年或五年一次料三百件給单送納撥匠修理工食料價於輕賫銀内支給

凡公侯伯及夫人故奏准造墳安塟咨行到部本出辦物料南京後軍等都督府并應天

府撥夫做工

俸粮科　典吏一名

凡本部并四司官吏監生知印及合屬營繕所等衙門南京甲字庫等官吏俸粮每米一石折銀七錢本司行南京户部取囬收貯按月放支每月二十三日差吏赴户部註銷二十四日官吏赴户部科註銷次月初三日差吏赴揔督粮儲衙門註銷年終將收放俸銀數備造

奏冊送揔督粮儲衙門類繳
每年四月内官吏俸粮折絹
八月分官員俸粮折布
九月分官員俸粮每一石内二斗折塩
十一月分官吏監生知印俸粮每一石内
二斗折麥
每年折色俸粮自嘉靖五年起上半年折鈔
下半年折胡椒蘇木以後年分如果梹木
不足庫布有餘聽斟酌関支若俱缺俟有

之日另行

凡官吏戶口食盐舊例官一員作隨任男婦一十五口每吏作七口每口納鈔一十二貫閏盐一十二斤官共盐一百八十斤吏共盐八十四斤閏月加筭每年二月本司類造文冊連鈔送南京戶部轉送南京

內府廣恩庫交收關領諮部勘合差去儀真批驗所

支囬照前給散

成化十八年南京戶部奏准將帯支工部營

繕所文思院匠官俸粮照依在京各衛文職
經歷等官事例定撥南京衛倉支給續撥所
正王　等告称各職俸粮俱在本部關支比
與匠官不同本部擬移工部仍行本部覆查
得合屬營繕所文思院流官係額設管事官
員比與匠作新陞官員不同俸粮仍舊本部
倉關支

囚科　典吏一名

凡
南京刑部山東陝西貴州三司三道及巡按

巡江屯田清軍刷卷御史操江都御史應天等府錦衣等衛五城兵馬司有問擬做工拘役囚犯俱送本司詳做工者引堂註簿轉送虞衡司發窯做工詳拘役者經發詳營衙門照罪拘役滿日送司仍送原問衙門完奏

勘合科　典吏二名

凡本部各司付派各布政司并直隸府州物料劄付到司照數類填勘合轉各司府派屬經解詳司年終備造青冊差人齎繳赴部

查考

架閣庫　典吏一名

凡各色物料價直本部年終行應天府轉行上
江二縣拘集鋪商會官估計係
內府上納者會同科道等官于會同館係本部上納
者會同三司掌印官於司務廳照時直審估
備造估薄一樣二本送堂用印鈐蓋一本〻
部備照一本〻司收執候營繕等司付估鋪
商納過一應物料到司掌印官查照定價係

内府者照科道官會估薄係本部者照本部估薄數目案呈本部連送到司移付輪管領狀司分出給印信領狀與原告鋪商齎執支結領狀

附卷

南京工部職掌條例卷之四

南京工部職掌條例卷之五

營繕所

本司（所）衙門坐落栢川橋西南東抵大街西抵大中橋大河闊二十七丈南抵小巷北抵栢川橋小河深六十二丈房屋全

本所官吏專督各工修造如本司牌委某官料計即帶同匠作將該修處所合用物料逐一料計開寫揭帖閱所呈司本司查減明白勘定會有會無具揭帖送堂看訖發所抄申

抄申到部本部照原料数目　出簿籍二扇仍
劄發本所〻照劄填冩関料領子四張二張
到監督抽分御史二張到監督抽分主事處
各標行本所又将本部原編給半印堂號照
数填冩帯各作到部説堂准行連標行領子
簿籍堂號付原料作頭齎執前去會有竹木
局関支應用本所官吏督造工完各匠作告
通状到部本司仍牌委某官估計即帯同原
匠作將做過工程逐一斟定開冩揭帖関所

呈司以憑覆估估明寫堂揭看訖發所抄申抄申到部本司查對明白付屯田司領工食銀兩

合屬作頭共六十八名

木作八名

瓦作三名

石作四名

油漆作九名

桶作二名

竹作二名

土作二名

搭材作七名

五墨作五名

斛斗作六名

捲胎作一名
穿椅作一名
粧奩作一名
戧金作二名
蒸籠作一名
琵琶作一名
弦作一名
簫作一名
笙作二名
秤作二名
瑠璃作二名
黑窯作三名
缸鐔作二名

軍器局

本局衙門坐落小教場南東抵顏料局西抵

小教場西門大街闊一百零七丈五尺南抵
水軍等衛北抵教場　深一十九丈二尺官
廳吏舍俱倒塌惟鼓房土地廟尚存
本局官吏專督工匠於　　　　　　　　廠成
造軍器承行事體俱與營繕所
　合屬作頭共二十九名
　　鐵作一名　　　　　　作二名
　　剉磨作二名　　　　　作一名
　　作一名

木作一名　一名
　作一名
鞍轡作一名　鞔盔作　名
鞔牌作一名　水　作一名
纓作二名　染作二名
銅作一名　團牌作一名
絡絲作一名　俱兵仗局前廠成造軍器
鼓作二名　錫作一名
鏇作一名　俱外料作

寶源局

本局衙門坐落中城針巷口東抵許通住房西抵葉福住房濶二十一丈南抵官街北抵楊表等住房深三十丈房屋全

本局官吏專督工匠鑄打銅鐵鍋口鼓鑄銅錢并茶塩引板等項承行事體俱與營繕所同

合屬作頭共十一名

鐵作三名

銅作二名

鑄作四名　抹金作一名

鍍金作一名

文思院

本院係洪武十八年開設所屬設有巾帽針工二局洪武三十年以内外俱有將外二局革

一應該管事務文思院帶管

本院衙門坐落淮清橋地方東抵大街西抵織染所墻闊二十一丈南抵本衙門大門北抵陳都堂房屋深四十八丈五尺房屋全

本院官吏專督銷金等作成造各項器皿等件承行事體俱與營繕所同

合屬作頭共十二名

傘作一名
魫燈作一名
帽冠作一名
紫粉作一名
縧作一名
旗作一名

裁縫作一名
紙燈作一名
釘帶作一名
銷金作一名
蜊殼作一名
索作一名

織染所

本所原名織染局洪武三十年本部議得内外俱有将外局改為織染所

本所舊衙門坐落鷲峰寺織染局地内闊二十四丈深二十五丈五尺房屋倒塌無存後遷在文思院内東抵文思院西抵楊府闊四十七丈五尺南抵大街北抵井巷民房深一十八丈官廳吏舍庫機蒋房俱全

本所官吏專督匠作每年織染

御覽曆日包裹銷金羅袱合用柘黄線羅織完解送本
部驗看批差本所堂長運解限八月以裏到
部
本所庫房二間收貯一應絲料并
神帛堂絲料庫亦係本所印封收放額設庫秤九名
俱應天府所屬上元句容溧水三縣均徭人
户　僉每歲正月解府轉發本所應役看守
庫藏錢粮至次年正月交代
合屬作頭共四名

織作一名　　染作三名

鞍轡局

本局衙門坐落小教場南東抵皇墻大街西抵皮作局闊六十四丈南抵衛墻北抵王太監住房深二十四丈官廳損壞餘皆無存

本局官吏監造

上用拂蠅鞭子蠟布包指等件每年于五月端午

御前奏進緣無管轄人匠轉雇文思院作頭楊宗等

成造嘉靖七年八月内本所大使崔韶具呈

本部准將文思院帶管顏料局印信一顆匠作四名改令鞍轡局帶管

顏料局

本局衙門東抵皮作局西抵軍器局濶五十一丈五尺南抵衛北抵教場墻深二十三丈官廳損壞餘皆無存

本局官吏俱革印信一顆紫粉作二名黄丹作二名鞍轡局帶管

皮作局

本局衙門東抵鞍轡局西抵顔料局濶七十五丈五尺南抵衞北抵教場墻深二十三丈

官廳倒塌餘房見存

合屬作頭五名

氈作一名　履鞋作一名

剪膠作一名　熟皮作二名

縷線作一名

龍江提舉司

本司衙門坐落定淮門外馬鞍山北首東抵

官濠城西抵儀鳳門第一廂民作官廊房基地濶一百三十八丈南抵留守右衛軍營基地北抵　　深一百　十四丈官廳吏廠房屋并官吏住宅俱全内有工部分司本司官吏聽本部督造船隻主事調度監督四廂人匠修造黄快戰巡等船隻詳見都水司河防科下

合屬作頭共一十九名

船木作八名　船作四名

鐵作一名　篷作三名

索作二名　纜作一名

清江提舉司

本司衙門官吏住劉淮上聽北京工部督造船隻主事調度監督修造糧運船隻官吏俸粮赴本部屯田司関支本官到任給由俱赴本部叅見起送

龍江抽分竹木局

本局衙門坐落龍江関裏東抵城濠西抵鈔關街前闊三十二丈後闊二百八十丈南抵

荳腐巷小街北抵外金川門外大路深三百一十四丈五尺官吏廳房俱全內有抽分察院工部分司抽分內使併裏外水百戶所房屋俱全

尾屑壩抽分竹木局

本局衙門坐落尾屑壩東抵小河西抵本部官田闊七十二丈南抵本部官田官北抵本部官田深一百一十五丈衙門房屋與龍江局同俱全

二局職專抽收竹木等料凡到客商船隻簰
筏應抽分者聽候本部監督主事并監督御
史眼同丈量明白照例抽分發場收貯各有
百戶二員司吏一名督同軍餘巡守如遇本
部劄付堂號或各衙門勘合手本支取竹木
柴薪等料到局俱候各該匠役執簿赴監督
處標圍長數目查對相同用印信手本備行
裏外水委官照數給發每月朔望本部註銷
季終送該道刷卷并造冊具本逕自差人

奏報 詳見屯田司抽分科下

龍江抽分廠 已具本局數内

瓦屑壩抽分廠 已具本局數内

蘆洲廠

本廠坐落新廠後品官街東抵戶部任檢校

住房西抵禮部官房南北抵街房屋俱全

器皿廠

本廠坐落西華門玄津橋西東抵供應機房

街路西抵曹府閣七十二丈南抵大街北抵

外七星寺長四十一丈官廳門樓堆料作房
俱全
本廠隸都水司專造三千六百件年換器皿
先年未有廠時各作皆散造于外造成而送
官驗觧正德十五年
武宗皇帝南幸廻于玄津橋西空閑官地内製造
上用器皿止依舊官房數間隨該本部備料創盖廳房
二十餘間又搭蓋蓬廠三十餘間以便官匠
居作後事畢而房廠猶存嘉靖元年本部議

得每年器皿散造于外非法所宜且盖房廠等料出于民部而地係于官正宜為官府造作之處遂將前盖廳房量為增廣為収放物料之處蓬廠易以瓦房五連計九十間以為匠作之處又增盖外門三間以便關防因名之曰器皿廠

捴廠

本廠坐落尚書巷南即本部右堂住宅後因右堂奉例裁省分為二司官宅

新廠

本廠坐落東城品官街即今本堂上住宅

萬曆九年十二月内奉

本部尚書楊　諭令屯田司清查原設各廠

奉此本司行據各委官查勘緣由回申到司

復加查議明白揭開禀

堂奉批照議行仍將職掌内填改明白奉此

遵依填改于后永為遵守

馬槽廠

本厰坐落双橋門外神機營地方東抵神機營大路西抵錦衣衛屯地濶一百四丈五尺南抵畄守前衛營地北抵教場大路深一百四十丈委織染所大使張明揚查勘得本厰廳房墻垣久塌基地先年招王京等佃種隨拘各户由票共筭該地二百二十七畝四分六厘每歲共納租銀三十四兩一錢一分九厘逐一丈量地多一十七畝五分二厘二毫等因到司復審相同但因前地多溝坑雖称筭

出多地仍在原丈尺之內應于各戶名下照地多寡量加課銀一兩三錢一分通共該銀三十五兩四錢二分九厘每年赴司告批送庫交收換給由票各佃戶領訖

紅土厰

本厰坐落石城橋西東抵大河西抵大街濶十五丈五尺南北抵本厰更鋪深四十九丈五尺委龍江提舉司提舉洪義忠丈勘得濶與職掌相同其深止存十丈餘三十九丈五

尺被水淤漫成河見存活樹二株枯樹一株
門墻等倒塌無存等情到司議行街道分司
拘到近廠人倪科佃種量徵課銀二錢五分
每年赴司告批送庫交收給与由票訖

竹片廠

本廠坐落石城橋西東抵大河西抵大街濶
二十五丈南抵造船廠北抵石城橋大街深
十五丈五尺委織染所大使張明揚丈勘得
廳房年久倒塌基地係王漢等佃住因本部

向未清查以致越外占住投中府認租等因
到司審撿王漢即王俊等告称竹片廠原係
本部租地不知起自何年佃户混認府租俊
等係接租今蒙查審愿歸一認租等情撿此
看得本廠建立年代極遠四至地界丈尺開載職
掌甚明止緣墻傾屋圮日久基址易混以致先
年各佃户夤緣侵越遂尔别投認租以圖文
飾年復一年竟至今日所據張明揚查勘及
王俊等告詞俱為有據除本部納租十四户

租銀三兩四錢四分照舊并中間空地另行
招佃外其認中府租十户銀一兩九錢一分
相應行中府守備廳查明歸正本部納租作
正支銷庶故物不失典籍有開亦禮廢羊存
之義也隨經稟堂移文該經歷呈堂委西城
兵馬指揮葉甘茂勘明果係本部廠地應歸
納租回文到司覆勘相同隨將本廠空地招
户分佃起科銀五錢五分新舊租銀通共五
兩八錢六分自萬曆十年為始每年赴司告

批送庫交收各換給由票訖

工部廠

本廠坐落通濟門外東抵大街西抵大河濶一十三丈南北俱抵錦衣衛衣左所營房深五十二丈委尾屑局大使陳惟時查勘得本廠倒塌年久丈量深濶相同先年佃户皇甫治歲納租銀三兩至嘉靖四十二年因被水淹告减租銀一兩止納二兩萬曆五年內甫治轉佃與陳濟仍歲辦租銀二兩每年赴司

告批送庫交收

石灰廠

本廠坐落西長安街直房後疑國初營造時積灰於此遂名石灰廠即長安街傍地也

南京工部職掌條例卷之五終

後序

工部居今六曹之一即成周之冬
官司空也我
朝建都南北兩工部並設而兹職掌
條例則爲南工部而作者也職掌
云者即周官六卿分職各帥其屬

之所司也條例云者即周官所謂官成乃成事之品式條目也自有本部以來所當行與所已行於茲職掌條例大畧備矣可以便檢閱定持循折衆淆杜吏奸昔紛而今畫一焉昔眩而今昭晰焉豈非一

快事歟夫官守有常存乎職條式可據存乎例因革損益以適於治存乎時要其歸惟在得人焉耳誠得其人則無不善之例無不舉之職無不可爲之時矣孟軻氏論行井田欲滕君臣潤澤之朱晦菴論

周禮謂當時雖五人之長亦皆賢士是以法度雖嚴而甚寬雖詳而甚簡庸非得人之謂乎或曰昔人有却例簿者有臨事輒問故事何如者而皆為名臣何也曰此亦得人之謂也雖然舊可因者恒什九

即否焉十之一耳守常夫人可勉
而通變非其人則弊矣此尤不可
不審也抑又聞之周官大司空之
職掌邦土以佐王安擾邦國其職
任所重蓋有在焉如但以營造而
已則一考工記耳何以並列於六

官居是任者其尚敬念茲以無負
聖祖儆成周設官之意哉是書之成禮
侍栢齋何公頃爲南工侍時序之
詳矣今年夏予承乏來署部篆營
繕主事劉汝勉出此書請序其後
蓋書乃汝勉受栢齋之委而纂集

者也殆亦所謂　手因述周
宮以見此書之相為用如此汝勉
方以薦被
命而北見栢齋試質予言以爲何如
嘉靖已丑孟秋朔南京兵部右侍郎進
賢萬鏜識

金陵全書
乙編·史料類

南京五城察院職掌志

（明）施沛 撰

南京出版傳媒集團
南京出版社

提要

《南京五城察院職掌志》上下卷，明施沛撰。

施沛（一五八五—一六六一），字沛然，號元無子，又號笠澤居士、雲間一鶴道人，松江華亭（今上海）人。恩貢生，天啓五年（一六二五）官廉州府通判，旋署欽州知州，有政聲，未幾以丁艱歸。施沛學通儒釋，精于醫道。撰有《祖劑》四卷、《雲起堂診籍》一卷、《藏府指掌圖》《經穴指掌圖》《說療》《醫醫》《素問逸篇》《脈微》《金剛經疏》《心經疏》《續傳燈録》《南京都察院志》《草堂禪集》《笠澤草堂集》等。其《南京都察院志》第二十一、二十二卷，同治年間上元孫文川重録為一冊，名為《南京五城察院職掌志》，書前有同治十年（一八七一）孫文川序。

孫文川，字澄之，上元諸生，工詩賦，著有《讀雪齋集》。太平軍攻陷南京後，孫文川曾喬裝為乞丐，打探太平軍內部消息，并與張繼庚等人密謀內應，助城外官軍攻城。事卒無成。嗣後鉆研中外貿易案牘，知西人情僞。『阿思本艦隊』事件中，李鴻章曾薦孫文川入京，盡發英人李泰國陰謀，朝廷褫泰國總稅務司職，遣船回國，事得解。孫文川以功洊擢知府。太平天國戰爭之後，地方士人積極整理鄉邦文獻，孫文川重録《南京五城察院職掌志》正在此時。其序文中寫道，同治八年（一八六九）秋，于京師琉璃廠得明施沛撰《南京都察院志》，第二十一、二十二兩卷為巡視各城御史職掌，『全志凡四十卷，惟此二卷為金陵故事所萃，兼可稽前明一代創置沿革之跡，爰録為一冊，以備吾鄉文獻，且使它日修志者有考焉』。

五城察院即巡視五城御史，又稱巡城御史，主要負責都城治安，由都察院直接委派。巡城御史可提調巡邏營與五城兵馬指揮司。五城兵馬指揮司始設于明洪武二十三年（一三九〇），將京城内外劃分為中、東、西、南、北五城，由各城兵馬指揮司負責巡捕盜賊、疏理街道溝渠及囚犯、火禁、徵收錢糧等事。永樂遷都之后，南北兩京皆設五城兵馬指揮司。萬曆時期，南京各城兵馬指揮司設正兵馬一員、副兵馬一員、吏目一員，此外還有吏、戶、禮、兵、刑、工六房典吏、書手，以及庫子、看堂夫、看監夫、巡夫、燈籠夫等雜役。作為正六品衙門，南京五城兵馬指揮司與上元、江寧二縣同級，是一個特殊的都城治安管理機構。制度上，巡視五城事宜由都察院湖廣道帶管，但時人多視巡城御史為五城兵馬司的實際上級。

《南京五城察院職掌志》上卷為中城察院職掌、東城察院職掌，下卷為南城察院職掌、西城察院職掌、北城察院職掌。各城察院職掌下列内容基本相同，包括本城事宜、本城公署員役、錢糧、輿地、境内廨宇、城垣、山川、溝瀆、津渡、橋梁、寺觀、鄉約等。孫文川在序文中指出，『今欲訪求故址，尚可徇方按鋪而確得其所在，蓋鋪分約所至今猶仍舊貫也』。鋪不僅是理解五城職掌的重要概念，也是明代南京五城社區管理的基礎。鋪即以一百户為單位的基層組織，類似保甲制中的保，以《千字文》編序，稱天字鋪、地字鋪等。五城兵馬司于各鋪内僉點總甲、火夫、巡夫，以承擔火甲、治安等役。萬曆中後期，五城軍民要求徵錢雇役的呼聲日益高漲。萬曆三十八年（一六一〇）完成火甲改革，于五城六百六十九鋪内實行排門徵錢法，由五城兵馬司負責徵錢雇役，一切由官經理，免除了居民親身當差的困擾，該項錢糧稱房號錢。火甲改革之后，鋪依然是重要的基層組織，各鋪總甲需配合五城兵馬司完成日常管理。明清鼎革之後，南京失去了留都地位，由巡城御史、五城兵馬司、各鋪總甲構成的城市管理體系不復存在，但鋪作為一種地理空間概念依然沿用，直至清末。清代南京房地産契約文書中，即可看到標注房地坐落某字鋪的地方習俗。

《南京五城察院職掌志》是研究明代南京城市管理、城市地理、城市空間的珍貴史料，其内容之系統、詳實及其豐富程度，皆超越地方志與筆記。尤為特殊的是五城之内山川、輿地、官署、衛所、橋梁、寺觀、約所等皆以鋪作為方位的輔助標志，如位于中城的『王陽明祠』下注『焦竑撰碑、恭字鋪』。如此精確的城市空間信息，在其他類型的史料中是罕見的。

《南京五城察院職掌志》有南京圖書館藏孫文川抄本與《金陵叢書》抄本。《金陵叢書》抄本首頁有『曾藏翁鐵梅處』印章，該本抄于四周雙邊、單魚尾頁面，版心下方刻有『金陵叢書翁氏藏本』，無頁碼。翁氏即清末著名藏書家翁長森，字鐵梅，江寧諸生，與陳作霖為至交。翁長森儲書極富，尤留心鄉邦文獻，輯為《金陵叢書》，遭亂力不能刊。后由蔣國榜加以編選，確定五十四種，于民國三年至五年（一九一四—一九一六）分甲、乙、丙、丁四集鉛印出版。蔣氏校印《金陵叢書》均為明清時期金陵人著述，故《南京五城察院職掌志》未收入其中。《金陵全書》收録的《南京五城察院職掌志》以南京圖書館藏翁氏《金陵叢書》本為底本原大影印出版。

羅曉翔

明南京五城察院職掌志序

同治已巳秋予於京師琉璃廠得明施沛南京都察院志其第二十一二十二兩卷為巡視各城御史職掌以金陵城内外地分為五方凡事宜員役錢糧與地山川城垣廨宇以及古跡鄉約等條皆各就其方以類編纂今欲訪求故址尚可循方按鋪而確得其所在葢鋪分約所至今猶仍舊貫也全志凡四十卷惟此二卷為金陵故事所萃兼可稽前明一代創置沿革之跡爰録為一冊以備吾鄉文獻且使宅日修志乘者有考焉謹案四庫全書總目史部職官類存目明天

啓初編修神宗光宗兩朝實録博採志乘諸部寺舊無志者咸創爲之是志亦天啓初因修實録而作也倉卒成書即此一冊中舛訛亦頗不免是又在考古者訂證之矣同治十年太歲辛未端陽前二日上元孫文川澄之序

南京五城察院職掌志卷之上

目録

中城察院職掌

東城察院職掌

社壇　　鄉約

南京五城察院職掌志卷之下

目録

山川
橋梁
鄉約

溝瀆
古跡

津渡
壇社

南京五城察院職掌志卷之上

南京國子監生施沛撰

中城察院職掌

本城事宜

按中兵馬司設立城中界接四城之聚寶三山等門非如四城有内外城門之專寄而市衢人巧諸務繁瑣可抵四城之事凡勳戚鄉紳士夫青衿及名流羈士胥居其中蓋文物淵藪且良工巨商百貨叢集如三山街一帶最衝要地也俗競華人嗜謗羣不逞之徒亦每藏納焉其中北門橋俗樸不染

紈綺市井之習外若大中橋之遙徒賭棍內橋淮清橋路連三山街之鷹賊[illegible]搶砂硃巷之客庽多奸白塔笪橋之收荒人替出賊贓石城門裏之羅囊巷螺螄灣木匠營多外來匠作之結黨健訟三山門裏之茶府灣及水關地方多外來娼婦飯店窩歇流來強盜諸如此類之奸宄出沒真莫可名物者惟有編葺保甲嚴督稽核庶奸宄潛踪至于人居稠密溝瀆易壅如古青溪秦淮河古大陽溝等之支流萬派直出三山門水關朝天宮一派往鐵窗櫺水閘出石城門方入大江是在工部及時

開濬庶獲寍宇

本城公署員役

巡視中城察院在東城對字鋪地方萬曆二十八年九月内建

頭門三間　儀門三間　正堂五間

穿堂一間　後堂三間　左右皂隸房六間

週圍墻垣俱全四面約有一百五十弓東至宇宙二號察院住宅西至覆舟山脚下北至太平門城下南至東城對字鋪大街院前東西佃房蘆科等佃主納租銀備開錢糧款下

本院項下

隨差書手一名無工食

承印吏一名

看公署門子一名以上二名每名每年工食錢三千九百六十文在本城房號錢内支給

聽事弓兵一名每年工食銀八兩五錢在兵部職方司支領

燈籠夫四名每年工食錢一萬四千四百文在本城房號内支給

本城兵馬司

基址原宋高宗行宫舊地歷元至　國朝改本城
東至廣藝街民房南至内橋張字鋪大街西至
盧妃巷民房北至盧妃巷民房并廣藝街蒲陽
館後四面約有二百二十弓
正兵馬一員　副兵馬一員　吏目一員
禮兵房典吏一名經承撥派本城及各衙門公差
弓兵收支抽分察院禮兵刑門禁九庫科道紙
贖中城察院房租銀收備開錢糧款下
吏刑房司吏一名管理獄禁囚犯早啓晚鎖收支
操院上下江京倉鹽政察院京營科紙贖并京

營察院房租銀數備開錢糧款下

戶工二房典吏一名每年徵收戶部江西司房鈔

詳具錢糧款下

收支屯田鳳陽倉察院總督部院工科工部抽分

蘆政紙贖銀兩

書手正兵馬員下十名副兵馬吏目員下各七名

俱無工食編定房號總書一名庫書三名每年

工食每名七千九百二十文

庫子三名每名每年工食錢一萬一千文

看堂夫五名看監夫五名每名每年工食錢三千

六百文

巡夫燈籠夫共十二名每名每年工食錢三千六百文

通共三百零九鋪總甲共三百零九名工食不等

火夫共一千一百三十五名每名每年工食錢三千六百文

門子四名每名每年工食錢三千九百六十名

以上俱於本城房號錢内支給

額設有役弓兵八十一名内兵部等衙門取去聽事共二十二名其餘印官員下二十一名副兵

馬員下十名九吏目員下十九名内撥守監三名直堂六名餘挨序應當夜巡等項差使每名每年工食銀八兩五錢俱在兵部職方司給領

巡邏營

巡邏坐營一員管五城地方公署在維字鋪

巡邏把總二員公署在奉字鋪

巡邏衛總八員

頭總衛總駐劄天字鋪地方

二總衛總駐劄賓字鋪地方

三總衛總駐劄德字鋪地方

四總衛總駐劄尺字鋪地方

巡捕官九員

虎賁左衛巡捕官駐劄龍字鋪地方

虎賁右衛巡捕官駐劄朝字鋪地方

錦衣衛巡捕官駐劄鳴字鋪地方

旗手衛巡捕官駐劄惟字鋪地方

府軍衛巡捕官駐劄羊字鋪地方

留守左衛巡捕官駐劄敬字鋪地方

羽林右衛巡捕官駐劄寸字鋪地方

驍騎右衛巡捕官駐劄餘字鋪地方

留守右衛巡捕官駐劄壹字鋪地方

管貼隊軍二十四名

海巡馬軍三十名

標把二百八十八座每把步軍二名共該軍五百七十六名

小牌坊二百八十八座損壞兵部職方司修整

錢糧

本城每年額徵境内民廂房鈔四季共一百一十二萬二千八百八十六貫折銀六百七十三兩七錢四分二釐四毫八絲

太祖舊制每民房一間置牌一面公匣收貯内庫每月十六日吏目同經收吏赴内府掌房科并户科衙門註銷徵完前銀解納户部銀庫本城並無存留拖欠本城查比各方總甲季冬該吏赴户部江西司聽比

本城門攤人户共一千一百四十一户每户每年徵收銀三分三釐共徵銀三十七兩六錢五分三釐每年七捌月户部督税分司票發徵收解户部銀庫取庫收繳呈分司並無存留

本城蓬搭披厦租銀居民有起蓋披厦人户舊規自

具狀赴工部街道分司告明勘准陞租給單本户納租多寡不等人户共九百五十八户共租銀一千二十三兩五錢八分五釐其租每年俱本部親僉租長催各户赴節慎庫投納係本部親行親比

本城毫不經徵

本城房號錢支用款數詳開冊内

排門冊原額徵錢八百九十萬九千九百零三十七文

見徵錢八百六十七萬七千六百一十二文除支給總甲夫差外餘存變銀寄貯上元縣庫候閏

月支放工食

京營科道察院園房三十一間每年租銀四十兩四季徵收本城該吏收貯聽候上任考察各營官倫辦酒飯並修葺支銷並無餘存

中城察院園房十二間該租銀一十八兩六錢四分每年四季徵收内將九兩二錢解都察院經廳封啓印務公用餘九兩四錢四分聽巡視本城察院支銷

輿地

本城兵馬司為中央

正東司前左廣藝街宿字鋪　方塘橋盈字西鋪
昇平橋列字東鋪　中正街口辰字鋪盈字東
鋪　四象橋宙字鋪　八府巷洪字鋪　頭盈
巷日字鋪　裏府前月字鋪　存義街黄字鋪
東西井巷宇字鋪　斛斗巷口玄字鋪　斛斗
巷裏地方大中橋西天字鋪　大中街二問字
鋪　府軍衛恃字鋪
以上地方直抵本城大中橋止俱副兵馬分
管地方
大中橋東與字鋪　通濟門裏城灣敬字鋪　羽

林右衛松字鋪如字鋪馨字鋪篤字鋪初字鋪

以上地方接東城崇禮街止俱吏目分管地

方

東南司前左淮清橋道字鋪拱字鋪平字鋪愛字

鋪　釣魚巷垂字鋪　轎夫營首字鋪黎字鋪

大功坊萬字鋪　留守左衛因字南鋪因字北

鋪積字鋪福字鋪聽字鋪堂字鋪習字鋪聲字

鋪谷字鋪傳字鋪

以上地方直抵本城聚寶門裏城脚下左邊

止俱副兵馬分管地方

南河街當字鋪臨字鋪忠字鋪盡字鋪命字鋪

武定橋夙字鋪興字鋪清字鋪似字鋪薄字鋪

蘭字鋪深字鋪　驍騎右衛誠字鋪美字鋪慎

字鋪終字鋪宜字鋪令字鋪榮字鋪業字鋪所

字鋪基字鋪籍字鋪甚字鋪竟字鋪學字鋪登

字鋪　錦衣衛磨字鋪義字鋪廉字鋪沛字鋪

靜字鋪　羽林右衛安字鋪定字鋪

以上地方直抵聚寶門城脚下右邊止

正南司前右内橋下鳴字鋪　應天府前鳳字鋪

三山街臣字鋪在字鋪　鎮淮橋蓋字鋪　竹

街北字鋪大字鋪　鏇子巷方字鋪身字鋪
周稽街調字鋪　錦衣衛連字鋪枝字南鋪枝
字北鋪交字鋪
以上地方直抵聚寶門城脚下止俱副兵馬
分管地方
三坊巷珍字鋪　武定橋西北廊河字鋪　貧民
坊海字鋪　軍師巷斯字鋪　馬道街履字鋪
錦衣衛友字鋪投字鋪分字鋪切字鋪情字鋪
以上地方直抵聚寶門裏城灣止俱吏目分
管地方

西南司前右菓子行遐字鋪　牌樓巷王字鋪賔字鋪　太山巷邇字鋪　陡門橋壹字鋪體字東鋪　三山門裏體字西鋪

以上地方直抵三山門裏大街止俱副兵馬

分管地方

弓匠坊陽字鋪　鐵作坊雲字鋪致字鋪騰字鋪露字鋪結字東鋪結字西鋪　氊匠坊為字鋪七家灣霜字鋪　倉巷金字鋪生字鋪麗字鋪水字鋪玉字鋪出字鋪崑字鋪岡字鋪劍字鋪巨字鋪稱字鋪夜字東鋪夜字西鋪珠字東鋪

珠字西鋪光字鋪果字鋪李字鋪菜字鋪重字
鋪芥字鋪薑字鋪　建安坊緣字鋪善字鋪慶
字鋪
以上地方直抵三山門裏下浮橋止俱吏目
分管地方
正西司前右內橋列字西鋪　盧妃巷張字鋪
羊市橋來字東鋪　笪橋來字西鋪　帽兒行
駒字鋪　朝天宮前暑字鋪　下廟前往字鋪
石城門裏秋字鋪　平市街竹字鋪白字鋪食
字鋪場字鋪化字鋪草字鋪木字鋪常字鋪

胭脂巷餘字鋪　新橋成字鋪呂字鋪歲字鋪
律字鋪　錦衣衛兄字鋪弟字鋪同字鋪氣字
鋪
以上地方直抵本城石城門裏大街止俱副
兵馬分管地方
虎賁右衛發字鋪湯字鋪　留守右衛攝字鋪職
字鋪從字鋪存字鋪以字鋪甘字鋪棠字鋪益
字鋪詠字鋪字字鋪貴字鋪禮字鋪尊字鋪上
字鋪和字鋪睦字鋪夫字鋪
以上地方直抵本城石城門裏城灣左俱副

兵馬分管地方

西北司後左白塔街收字鋪冬字鋪藏字鋪閏字鋪　虎賁左衛字字鋪潛字鋪文字鋪鳥字鋪官字鋪始字鋪翔字鋪師字鋪龍字鋪淡字鋪皇字鋪衣字鋪裳字鋪推字鋪位字鋪　錦衣衛唱字鋪隨字鋪外字鋪受字鋪訓字鋪奉字鋪儀字鋪比字鋪孔字鋪懷字鋪　旗手衛恭字鋪惟字鋪鞠字鋪養字鋪豈字東鋪豈字西鋪敢字鋪慕字鋪彼字鋪　府軍衛墨字鋪絲字鋪染字鋪讚字鋪羔字鋪羊字鋪景字鋪行

字鋪維字鋪賢字鋪克字南鋪克字北鋪念字

鋪作字鋪聖字鋪形字東鋪形字西鋪端字鋪

表字鋪正字鋪

以上地方直抵北城乾河岩止俱副兵馬分

管地方

虎賁右衛讓字鋪國字鋪有字鋪陶字鋪唐字鋪

民字鋪周字鋪坐字鋪朝字鋪　錦衣衛䉡字

鋪

以上地方直抵本城石城門裏井亭巷止俱

吏目分管地方

正北司後左北門橋寶字鋪　新街口辟字鋪
糖坊橋尺字鋪　羽林右衛之字鋪盛字鋪川
字鋪流字鋪息字鋪淵字鋪澄字鋪取字鋪映
字鋪容字鋪止字鋪若字鋪思字鋪言字鋪辭
字鋪　錦衣衛慈字鋪隱字鋪造字鋪次字鋪
節字鋪
以上地方直抵本城北門橋止俱吏目分管
地方
虎賁左衛制字鋪乃字鋪　府軍衛器字鋪欲字
鋪量字鋪德字鋪建字鋪　旗手衛貞字鋪男

字鋪效字鋪才字鋪良字鋪知字鋪必字鋪改
字鋪得字鋪能字鋪莫字鋪談字鋪
以上地方直抵本城珍珠橋止俱副兵馬分
管地方
東北司後左府軍衛短字鋪已字鋪信字東鋪信
字西鋪使字東鋪使字西鋪可字鋪立字南鋪
立字北鋪
以上地方直抵本城鑄錢廠前新建陳校尉
橋止俱副兵馬分管地方
栢川橋嚴字鋪　玄津橋寸字鋪　竹橋資字鋪

事字鋪　錦衣衛仁字鋪性字鋪

以上地方接北城西十八衛止俱吏目分管

地方

境内廨宇

公署應天府鋪鳳字　上元縣鋪張字　江寧縣鋪珍字　督學察院鋪斯字　東察院係按院臨京住劄　應天府儒學係宋朝景祐中所建元朝燬于火至大德癸卯年總管陳元觀復立太祖定鼎金陵即以是為太學洪武辛酉復改為應天府學永樂戊子又燬于火至宣德己酉重建前有朱文公寫泮宮二字牌樓内有玉兎泉芥字鋪　工部寶源局鋪愛字　戶部府軍倉錢廠泰昌元年造　工部府軍倉錢廠萬歷十二年造　工部蘆政分司　巡邏坐

營廳維字舖巡邏把總廳奉字舖太醫院東惠藥局彤字
舖應天府醫學投字舖英坊司內府外酒局房克字舖
兵部武學兄字舖洪武年造應天府都稅司問字舖茶引所
問字舖文思院織染所今改鑄錢廠問字舖印馬察院
洪武年造隆慶三年奏改京營科道察院圍房祖房係京營察院掌行工部營繕所
覆字舖應天府陰陽學較字舖寶鈔提舉司當字舖道錄
司設朝天宮內署字舖
私署工部公署嚴字舖兵仗局嚴字舖工部城垣嚴字舖尚
寶司嚴字舖內廠嚴字舖戶科黃冊克字舖戶部黃冊慕字
舖戶部督糧分司德字舖吏科羔字舖兵部工料分司

鋪司字戶科鋪器字禮科鋪恭字工部抽分鋪行字太僕寺
鋪露字太醫院鋪分字惜薪司鋪寸字工部督理銅務
貢院鋪芥字供應機房鋪寸字工部器皿廠　錦衣衛
鞍轡局鋪切字太醫院北惠軍藥局鋪麗字應天府供
給所鋪芥字工部街道分司　工部軍器局鋪嚴字
府宅武定侯府鋪來字惠安伯府鋪此字魏國公府鋪萬字
永康侯宅鋪洪字顧皇親宅鋪方字沐國公府鋪惟字三
寶馬內相宅立字鋪永樂間內官鄭和賜號三寶宅誠意伯府鋪豈字
懷遠侯府鋪羔字定遠侯府鋪體字隆平侯府鋪體字忻
誠伯府鋪恭字齊宗室府鋪奉字襄誠伯府鋪月字英國

公府履字鋪臨淮侯府容字鋪梅皇親府資字鋪武定侯府資字鋪趙駙馬府夜字鋪成國公府夜字鋪南寧伯府淵字鋪平江伯府安樂侯府倒塌寸字鋪沐五府宅倒塌今改園地

衛鎮南衛來字東鋪虎賁左衛始字鋪龍虎右衛豹韜右衛俱恭字鋪金吾左衛金吾右衛俱首字鋪瀋陽左衛白字鋪羽林前衛投字鋪龍江右衛分字鋪羽林右衛寸字鋪龍江左衛豹韜左衛俱河字鋪虎賁右衛有字鋪

以上衛所俱洪武年建每衛掌印指揮一員

僉書指揮二員　經歷一員　管轄千百戶等

官軍餘不等

倉旗手東倉鋪貞字旗手西倉鋪坐字留守左倉鋪聽字虎賁左倉鋪推字錦衣大倉鋪朝字驍騎倉鋪終字虎賁右倉鋪唐字長平倉係應天府賑濟飢民夜字鋪留守右倉鋪上字羽林右倉鋪若字府軍倉今改鑄錢廠端字鋪

草場清涼門裏草場洪武年建堆草戶部給放各營備操馬匹次字鋪

牌坊大中橋牌坊一座興字鋪工部蓋造羽林右衛倉前牌坊一座若字大功坊牌坊二座國初賜魏國公宅萬字鋪工部造鈔庫街牌坊二座東當字鋪西字鋪工部造 命顧尚書牌坊一座黄字鋪余榜眼牌坊一座係住宅大中街牌坊一座

黎字舖工部蓋造三山街牌坊一座臣字舖工部蓋造許會元牌坊一座珍字舖朝天宮牌坊一座暑字舖工部蓋造表忠坊牌坊一座暑字舖工部蓋造武學牌坊一座兄字舖工部蓋造驍騎倉牌坊一座絲字舖泮宮牌坊一座并東西牌坊二座芥字舖天下文樞牌坊一座芥字舖太倉牌坊一座朝字舖貢院前牌坊三座芥字舖淮清橋飯堂牌坊一座工部造供應機房牌坊一座工部造督學察院牌坊二座斯字舖翔鸞坊牌坊一座夙字舖應天府前牌坊二座

城垣

内城六門每門把總二員　盤詰官六員

原額軍餘一百名分為兩班

通濟門　城樓一座　城鋪二十三座　旗臺二

座　城長五百一十一丈七尺　垛口七百四

十四箇　東至正陽門界　西至聚寶門界

城下門券四層　宿守庫房四間　左右官廳

各五間　頭層券内左右火藥庫房各八間

二層券内左右軍器庫房各三間　三層券内

直房兩邊共六間倒塌無存　門外左右盤詰

官廳六間　無敵大將軍銅銃十位　本門衛

繁

聚寶門　城樓一座　城舖三十四座　旗臺四座　城長九百五十三丈五尺　垛口一千二百零二箇　東至通濟門界　西至三山門界

城下門券四層　宿守庫房四間　左右官廳各三間　二層券内左邊藏軍房三間　右邊玄帝廟三間　三層券内左右軍器庫房六間　門外左右盤詰官廳六間　無敵大將軍銅銃十位　本門衝繁

三山門　城樓一座　更衣廳三間　厨房二間

東厠房一間　城鋪二十座　旗臺三座
垛口八百六十四箇　城長七百一十五丈
南至聚寶門界　北至石城門界　城下門券
四層　裏外銃房十座　無敵大將軍銅銃十
位　門裏左邊内守備更衣廳三間　右邊魏
國公更衣廳三間　左邊直房三間　右邊把
總廳三間　三層券内左右軍器庫房六間
頭層券内左邊外守備更衣廳三間　右邊江
營軍器庫房三間　門外左右更衣廳六間
盤詰官廳六間　右邊水關一座通城内秦淮大河

本門衝繁通京驛道

石城門　城樓一座　城鋪十八座　旗臺二座

垛口六百五十四箇　門外官廳三間　門

裏内外官廳六間　頭券庫房左右六間　二

券左右官廳庫房六間　城長三百九十七丈

南至三山門界　北至清江門界　本門衝

繁

清江門　城樓一座　城鋪二十座　旗臺三座

垛口一千五十箇　城長七百二十五丈五

尺　東至石城門界　西至定淮門界　本門

内官廳二間　軍器庫房六間　把總官廳三間　盤詰官房一間　軍餘直房三間　本門幽僻

定淮門　城樓一座　城鋪三十五座　旗臺五座　垛口一千五百二十八箇　城長一千七十五丈　南至清江門界　北至儀鳳門界

左右庫房六間　外官廳三間　軍宿直房三間　銃房十座　内官廳三間　門外盤詰房兩邊六間　城下水洞四座　本門幽僻

山川

冶城山接壤鍾阜護隴古西州城地後有鑄劍池東晉改西園卞忠貞公遺隴于前隋為蔣州西近石頭城國朝改朝天宮署字舖

謝公墩山晉謝安東山事跡潛字舖

石頭山古吳越時石頭即此山也歷秦漢唐宋以來未易其名在貴字舖

永慶寺山接連鐘鼓樓阜隴一脈發源自鍾山覆舟山鷄鳴山至冶城山字字舖

盧龍山在冶城山之西北接壤石頭山今置盧龍觀于上在益字舖

紅土山接連永慶寺山謝公墩山一脈讓字舖

清涼山吳順義中徐溫建為興教寺在上南唐改清涼大道場宋太平興國間改清涼廣惠山洪武三十三年周王殿下賜額為清涼山置四望亭于上今倒塌基址存焉先為清涼臺山不甚高而都城宮闕倉廩歷歷可數俯視大江如環映帶臺基平曠原係翠薇亭舊址貴字舖

溝瀆

本城通江古溝

正南自聚寶門裏城東脚聲字鋪溝起由藏經橋
往采蘩橋小新橋積善橋馬家橋過鷲峰寺前新
石橋往舊石橋出金陵閘入秦淮大河過文德橋
武定橋新橋上下浮橋出三山水關直入大江
古大陽溝正北自沐府東門驢子巷克字北鋪起
至欲字鋪由壽星橋器字鋪由倒象橋使字西鋪
信字西鋪抵通河橋信字東鋪過立字北鋪過陳
校尉橋由倉橋抵錢厰橋建字鋪過曲水橋抵娃
娃橋方塘橋形字東鋪水出盈字東鋪昇平橋溝
口通宙字鋪四象橋支河直抵道字鋪淮清橋秦

淮大河出三山門水關通大江沿途有新建石碑六座

津渡

秦淮古渡在淮清橋南古名青溪又名桃葉渡乃都城衝要之地先時民間私渡舟小載重舟子需取留難泰昌元年蒙南京户部尚書汪　移咨工部造船一隻僉立渡夫二名每年各給工食銀七兩二錢修葢馬頭二處官廳二座禁約臨渡不許仍前索取往來士民忠字鋪

陡門橋體字東鋪馬頭渡船係民間私渡南接常平

倉北接陡門橋往來稠密原無馬頭凡遇天雨泥濘難以登岸萬歷四十三年工部尚書丁　建立馬頭官廳三間石岸一路每年四月水泛為始十月水涸停渡

橋梁

大中橋一座南唐名白下橋元時改長春橋國初改大中橋　字鋪鎮淮橋一座謹聚寶門裏蓋字鋪東晉名朱雀門橋通秦淮河水南唐改鎮淮橋太平橋一座宋元古跡西虹橋國初改名太平橋今市人稱羊市橋來字東鋪乾道橋今市名紅土橋草字鋪回龍橋我朝建立往字鋪通賢橋新浮橋俱得字鋪內橋南唐時為虹橋宋時為天津橋元時改名內橋列字西鋪昇平橋唐宋時為東虹

橋在上元縣左數步修橋磚上有尉遲恭監造字樣國初改為昇平橋通河橋新造信字鋪倒象橋大陽溝口使字鋪會同橋宋元時為景定橋元朝改為會同橋駒字鋪新橋宋元時名飲虹橋國初改新橋成字鋪笪橋宋元時名太平橋國初改笪橋竹字鋪倉橋立字南鋪壽星橋器字鋪楊家橋形字鋪史橋豈字鋪陡門橋稱字鋪石板橋才字鋪五馬橋洞神宮前平字鋪淮清橋拱字鋪古塘橋工部新立形字西鋪古藏經橋調字鋪半邊橋呂字鋪崇道橋洪武年造娃娃橋唐宋時傳來市人稱墓生太子橋原有廟萬歷四十六年工部修橋折毀堆金橋履字鋪糖坊橋容字鋪迴龍橋結字鋪望仙橋存字鋪下浮橋光字鋪石橋唐字鋪石頭橋貴字鋪古竹橋事字鋪停屍橋事出國朝梅駙馬停屍於此事字鋪復成

橋（嚴字鋪）栢川橋（嚴字鋪）樣米橋（慶字鋪）上浮橋（分字鋪）文德橋（芥字鋪）玄津橋（國初建造河下有河鬚溝二條通禁内才字鋪）周家橋（崇字鋪）馬家橋（新造蘭字鋪）武定橋（有馬頭二座清字鋪）四象橋（磨字鋪）鼎新橋（劍字鋪）北門橋（唐時原名玄武橋又名草塘橋洞中有石刻草塘橋三字元改北門橋寶字鋪）古長板橋（在舊街内年久倒塌）乾道橋（市名草橋化字鋪）

井泉

大成泉　玉兎泉（俱在儒學前芥字鋪）忠孝泉（下廟内署字鋪）金沙泉（結字鋪）銕庫泉（鳥字鋪）石城泉（有亭石城門内署字鋪）驍騎倉泉（大旱不竭終字鋪）胭脂井（貴字鋪）有孚泉（有亭稱字鋪）鳳凰泉（瓦官

寺内宜字舖　百丈泉鍈塔寺倉内　蓮花井清涼寺前貴字舖　留守左

衛倉井即鹿苑寺井聽字舖

寺觀

承恩寺國朝景泰二年内官王瑾住宅奏改為寺賜額承恩寺黎字舖

清涼寺吳順義中徐温建立為興教寺南唐改名石頭清涼大道場宋興國間改清涼廣惠寺國朝改清涼寺宋學士蘇軾贊明尚書錢溥碑文貴字舖

鷲峯寺舊名法光寺建自梁武帝歷唐宋來國朝天順年改鷲峯寺鄒翰撰碑在臨字舖

永慶寺梁天監間永慶公主建因名寺有塔又名白塔寺代遠頹圮惟塔獨存國朝奏賜重修有宋王安石詩字字舖

封崇寺火字舖

普利寺麗字舖

迴光寺梁天監為蕭帝寺宋改鹿苑寺國朝改迴光寺邢一鳳撰碑蘭字舖

瓦官寺晉興寧中瓦官古剎慧力居寺中有瓦官閣唐昇元後為昇元閣宋改崇勝戒壇國

朝魏國為鳳凰西地今仍改為古瓦官寺有石刻天王像汪道昆王世貞撰碑宜字鋪

靈應觀在烏龍潭山上山下有潭古云石城洞又云洞天之南門是也京民亢旱虔禱于神甘雨隨至耿公奏賜靈應為名陳墟撰碑

宮祠

朝天宮在冶城山上有鑄劍池東晉為西園南朝改為長樂宮南唐改紫極宮延祚院西州舊宇下忠貞公遺隴于右宋祥符間改天慶觀忠孝閣元貞元元年改玄妙觀永壽宮冶亭為飛龍亭國朝敕建賜額為朝天宮百僚朝賀習儀于此置道録司于內署字鋪商輅撰碑

洞神宮唐宋原名三神祠後改青溪祠今改洞神宮前有古跡五馬橋見在平字鋪

炳靈宮唐昇元中古跡餘字鋪

表忠祠崇祀國朝忠臣春秋應天府遣官致祭汪宗伊宋儀望撰碑暑字鋪

明道祠王鏊焦竑耿定向撰碑海字鋪

關中表忠祠張邦俊撰羅碑才字鋪

公祠祀宋羅明先生豫章南城人楊起元祝世禄施俊明朱之蕃顧起元撰碑能字都土地祠太祖高皇帝敕封成化二年重修今改月堂庵秋字鋪三教祠祀林三教先生鞠字鋪馮祭酒生祠所字鋪青溪祠宋開元年馬光祖建平字鋪諸葛祠斯字鋪一拂先生祠祀鄭介公詠字鋪應天府尹黃公芥字鋪許真君祠恭字鋪王陽明祠焦竑撰碑恭字鋪耿公祠祀耿天台令字鋪清溪黃侍中忠烈祠原請溪小姑祠宣德年建祠于側祀禮部黃公今并一處忠字鋪廉直祠祀忠臣尚寶卿何遵有表忠堂記上元尹程櫛撰碑惠德祠口公琳黃佐撰碑恭字鋪倪公祠往字鋪謝公祠即謝玄廟後封康樂公號晉時建又名謝將軍廟坐字鋪提學陳公祠祀陳公諱子貞體字鋪

庵廟

法華庵愛字鋪永善庵美字鋪一葦庵夜字西鋪觀音庵尺字鋪
護國庵始字鋪天妃庵位字鋪正定庵從字鋪古觀音庵
切字鋪西方庵端字鋪起鳳庵履字鋪華藏庵舊字鋪醴溢
庵有字鋪伽藍庵樂字鋪五雲庵余孟麟撰碑對字鋪觀音庵調字
鋪佛庵定字鋪草堂觀音庵又名草堂祠寶字鋪閻王廟即逍遙樓
地詳開古跡下又名佑國庵博士臧懋循撰碑關聖廟麗字鋪五顯廟霜字鋪
華光廟稱字鋪晏公廟信字鋪火星廟量字鋪二郎廟江瀾
撰碑維字鋪玄帝廟澄字鋪古禹王廟在保寍坊磨盤街口藏字鋪九
江王廟結字鋪翔鸞廟夙字鋪晉將軍廟今改四松庵樂字鋪真
武廟有鍊老鸛古跡幡杆宋時建立貴字鋪武學夫子廟正統年建晉朝

朝卞將軍廟在朝天宮治城山右卞壼墓於廟後往字鋪

康樂公廟謝玄祠墓在廟後羅圮撰碑生字鋪

文學夫子廟宋景佑中建立

古城隍廟宋時為全真庵往字鋪

蕭公廟今字鋪

火星廟元朝土地廟國廟改三清廟今建名火星廟

三官堂曾出地仙姚孤雲見有度牒存本堂清字鋪

四聖堂露字鋪

玉宸道院安字鋪

西山道院在冶城山西朝天宮内宋嘉定中張守正遇一道人授以驅蝗法守正結草庵名西山道院

古跡

古跡迎南門牌樓年久倒無存立字鋪

火燒門樓年久無存德字鋪

漯馬塘沐府基地古跡鞠字鋪

古木匠坊飲酒亭洪武年立今倒塌無存基地租與民間垂字鋪

舊内之門洪武年立係三國吳王并六朝舊基宮殿俱無

只存門樓圍牆黎字鋪

釣魚臺半邊橋年久無存呂字號

古跡五塊磚原係洪武年造武定門後阻塞砌城市名五塊磚積字鋪

雙石鼓龍字鋪

古越城又名越臺越相范蠡所築原在江寍縣後今久廢地為民房所居

大陽溝古跡羔字鋪

武定橋飲酒亭年久倒塌無存

烏龍潭古跡春秋太常寺遣官致祭古云有烏龍神藏內設祠靈應觀香火朝字鋪

周處臺亦名子隱臺朝字鋪

望火樓結字鋪

鳳凰臺先年異鳥狀如孔雀文彩五色眾鳥羣聚時人謂鳳乃置鳳凰臺於山上李白有詩今臺廢改瓦官寺於上在籍字鋪

七家灣霜字鋪

銕窗櫺水關白洋關

存心堂程純公為扁在上元縣右今倒塌無存竟存廣藝街

翠微亭在清涼寺山頂唐時建宋末亭廢萬歷初年南畿提學耿公復葺為四望亭今又倒塌其名存焉

保寧寺內有南軒小室即鳳凰臺瓦官寺

逍遙樓國朝造凡博弈

者養禽鳥者游手游食者拘之于樓上使餓死在淮清橋東北臨河對洞神宮後今關王廟是也

杏花村在瓦官寺向南今廢籍字鋪鳳臺園即今鳳游寺改瓦官寺萬竹園國初魏國公子造今以倒塌見存其名西園先朝舊迹魏國公子重建萬歷年間倒塌其名在焉

白塔坐落富民坊街心俗傳太祖活埋張士城于下建塔以鎮之此說非也乃龍翔寺前舊塔耳出金陵瑣事考

宋程偃孫墓在清涼寺後貴字鋪謝玄墓在徐府西園中鳳游堂後近謝玄廟近瓦官寺

謝公墩即晉時謝安東山事跡潛字鋪金陵閘臨字鋪銕鑪池墨字鋪銕塔寺古明名正覺禪寺在冶城後岡上宋太始中建後因侯景亂拆毀存塔今改為虎賁左衛倉內有百丈泉

西州城即古揚州城東晉時創立後因石氷之亂焚燒府舍即今朝天宮一帶地方古朱雀門三國前為大航門東晉改朱雀門南唐改為南門國朝改為聚寶門

蟒蛇倉即留守左倉地聽字鋪鄭介

公讀書堂即清涼寺方丈房　珍珠河昔陳後主泛舟遊樂遇雨浮漚生宮人指為滿河珍珠因名焉今珍珠橋河　清溪接秦淮河溭玄武湖水即今大中橋淮清橋河是

御街朱雀門裏至內橋一帶　翔鸞坊南唐近事盧絳寓居處

社學

社學共七所在可字尺字宿字慶字夜字篤字清字七鋪今倒塌無存

會館

浙江會館茶字鋪　湖廣會館　福建莆田文獻會館宿字鋪嘉靖年立

亭座

聚星亭在府學夫子廟前　申明旌善亭上元縣二座江甯縣二座　石城門

井亭　有孚亭稱字鋪

鄉約

祖制禁約民間崇尚節孝各安生業僉訪年高有行官監生員隱逸高士為約正副率領軍民人等各在于本城編設後開約所聽講聖諭六言用敦風化

計開

第一約所道字鋪關王廟

第二約所來字東鋪鎮南衛

第三約所暑字鋪表忠祠

第四約所調字鋪觀音庵
第五約所平字鋪洞神宫
第六約所夜字西鋪常平倉一葦庵
第七約所麗字鋪銕獅衙關王廟
第八約所露字鋪四聖堂
第九約所稱字鋪草鞋街華光廟
第十約所出字鋪封崇寺
第十一約所霜字鋪七家灣五顯廟
第十二約所海字鋪明道祠堂
第十三約所尺字鋪觀音庵

第十四約所寸字鋪羽林右衛
第十五約所臨字鋪鷲峯寺
第十六約所蘭字鋪迴光寺
第十六約所字字鋪永慶寺
第十七約所始字鋪護國庵
第十八約所位字鋪天妃庵
第十九約所益字鋪靈應觀
第二十約所才字鋪關中表忠祠
第二十一約所能字鋪羅公祠
第二十二約所信字鋪晏公廟

第二十三約所量字鋪火星廟
第二十四約所維字鋪二郎廟
第二十五約所端字鋪周鄉宦宅
第二十六約所坐字鋪謝公祠
第二十七約所從字鋪正定庵
第二十八約所貴字鋪清凉寺
第二十九約所地字鋪顧宦宅
第三十約所澄字鋪玄帝廟
第三十一約所美字鋪永善廟
第三十二約所宜字鋪瓦官寺

第三十三約所受字鋪法華庵

第三十四約所表字鋪和尚小庵

第三十五約所奉字鋪巡邏廳

第三十六約所切字鋪古觀音庵

六衕

舊衕　和寍衕　陡門衕

會同衕（俱中城地方）　南衕（南城地方）　西衕（西城地方年久倒塌疑）

即桐芳院　以上六衕

太祖高皇帝設立貶罰為樂戶娼賤設教坊司奉鑾等官統轄

東城職掌

本城事宜

按東城事體簡於中西稍繁於南北者蓋以內城少外城多外城直抵句容縣界即城內亦且地曠人稀論土俗獨樸民風猶湻唯是內而 皇城及府部院各衙門胥環而星列焉外而 皇陵及 天壇湖冊曠闊二十餘里關係誠重且鉅矣其巡緝防守無容以偷懈者至外門之麒麟仙鶴姚坊上坊等處夙稱盜藪其通江一隅如攝山渡秦家渡石埠橋天宝洲等又係私販出没所在巡緝難周

但原設有把總盤詰巡邏官軍且有滸化鎮秣陵
關龍潭等處巡檢司互分巡緝如遇盜賊與販人
命重情申文報至巡視察院以聽詳行

本城公署員役

巡視東城察院在本城對字鋪地方

大門三間　儀門一道　蘆席捲蓬三門　左右
班房三間　中廳堂三間　後過道席蓬一道
傍茶房一間　後廳三間　東至太平門岡　南至對子鋪大街　西至天字號察院　北至城牆腳下　渫十二丈　闊三丈五尺

本院項下

隨差書手一名
承印吏一名每年工食錢三千九百六十文
看公署門子一名每年工食錢三千九百六十文
看守更夫二名每名每年工食錢三千六百文
燈籠夫四名每年工食錢一　四千四百文俱在
本城房號内支給
聽事弓兵二名每年工食銀八兩五錢在于南京
兵部職方司支領
本城兵馬司
正兵馬一員　副兵馬一員　吏目一員

吏兵二房典吏一名經承操江鹽政抽分九庫察院兵科門禁九庫京營科草場工料分司紙贖銀兩

刑工二房司吏一名管理獄禁囚犯早起晚鎖經承上下江京營察院刑工科工部抽分蘆政分司紙贖銀兩

戶禮二房典吏一名徵收戶部江西司鈔銀一百三十七兩九錢五分九厘二毫並門攤銀十二兩一錢四分四厘總承總督屯田鳳陽察院戶科吏科禮科黄冊科紙贖銀兩

書手正兵馬員下七名副兵馬員下六名吏目員下五名寫監簿書手一名撥差書手一名俱無工食庫書二名每名每年工食錢七千九百二十文西城房號支給

庫子二名每名每年工食錢一萬一千文西城房號支給

看堂夫五名看監夫五名每名每年工食錢三千六百文中城房號支給

巡夫燈夫十二名每名工食錢三千六百文

總甲共一百一十三名工食不等

火夫共二百五十六名各工食不等

門子共四名每名工食錢三千九百六十文

以上俱于本城房號錢内支給

弓兵六十名内工部取去四名看守水關又督册

科取去一名巡湖頭牌二十名二牌十七名五

牌十八名内撥看監三名三月一換夜巡五名

各照該管地坊輪流挨差均撥五日一換每名

工食銀八兩五錢俱于兵部職方司給領

巡邏營

坐營官一員管五城地方

頭班把總一員　衛總二員

管隊軍三百名　海巡馬軍二十餘匹
二班把總一員　衛總二員
管隊軍三百名　海巡馬軍二十餘匹
大營
坐營官三員　把總九員
衛總十八員　宣令三員
管隊馬步軍餘共七千零
神機營
坐營官一員　把總三員
衛總六員　宣令三員

管隊馬步軍餘共三千名

標營

參將一員　把總二員

衛總四員　旗鼓官一員

宣令一員

管隊并標兵共三千名

太平營

中軍官一員　兵二百二十餘員名

左營把總一員　兵一百五十餘員名

右營把總一員　兵一百五十餘員名

兵共五百二十有零

錦衣衛

掌印指揮一員　經歷一員　知事一員

旗手衛

掌印指揮一員

左右僉書指揮二員　經歷一員

府軍衛

掌印指揮一員　經歷一員

右左僉書指揮二員

留守後衛

掌印指揮一員

左右僉書指揮二員　經歷一員

金吾前衛

掌印指揮一員

左右僉書指揮二員　經歷一員

府軍右衛

掌印指揮一員

左右僉書指揮二員　經歷一員

留守左衛

掌印指揮一員

左右僉書指揮二員　經歷一員

羽林左衛

掌印指揮一員

左右僉書指揮二員　經歷一員

金吾後衛

掌印指揮一員

左右僉書指揮二員　經歷一員

孝陵衛

掌印指揮一員

左右僉書指揮二員　經歷一員

所

牧馬所

掌印千戶一員

左右僉書千戶二員　吏目一員

犧牲所

掌印千戶一員

錢糧

房鈔銀查本城房鈔共二十二萬九千九百三十二貫每貫折銀六毫共該銀一百三十七兩九錢五分九厘二毫奉　祖制額設徵進京宮用本鈔係

民住房屋上納每民房一間置　皇牌一面公匣
收貯內庫每月十六日五牌吏目同經收該吏赴
內府掌房科並戶科衙門註銷前項錢鈔四季徵
收令各總甲催納每季終填簿該吏親齎赴戶部
江西司查比其鈔銀解交本部銀庫並無存留
門攤銀該戶部督稅分司每年六七月內牌發本城
二牌清查本城門攤開張鋪面實在人戶三百六
十八戶每戶徵銀三分三厘共計銀十二兩一錢
四分四厘冬季徵完呈報督稅分司給印信手本
赴戶部銀庫交納取庫收存繳並無存留

披履租錢本城居民有起盖披履人户舊規自具狀赴工部街道分司告明勘准陞租給單本户納租多寡不等計六百八十九户共該租銀三百一十六兩四錢其租每年俱本部親僉租長催各户赴節慎庫投納係本部親行親比本城毫不經徵

本城房號錢支用欵數詳排門冊

排門冊原額徵錢二百三十萬一千二百二十文

見徵錢二百三十一萬四千二百七十八文

輿地

一本城兵馬司為中央

正東内城柳樹灣飛字鋪寫字鋪圖字鋪　鑾駕庫禽字鋪　朝陽門靈字鋪丙字鋪傍字鋪甲字鋪帳字鋪　朝陽門外　孝陵衛寵字鋪峯字鋪崇字鋪崖字鋪巍字鋪岑字鋪崖字鋪峩字鋪岩字鋪嶤字鋪　羽林左衛星字鋪右字鋪通字鋪廣字鋪内字鋪左字鋪亦字鋪　留守後衛蒙字鋪　滄波門等字鋪

東南柳樹灣據字鋪殿字鋪盤字鋪樓字鋪觀字鋪

以上俱副兵馬分管地方

正南崇禮街意字鋪堅字鋪持字鋪操字鋪　西營

都字鋪邑字鋪華字鋪夏字鋪東字鋪西字鋪京

字鋪

以上俱吏目分管地方

正陽門外中和橋獸字鋪畫字鋪彩字鋪矩字鋪

通濟門外引字鋪領字鋪廊字鋪仰字鋪　扇骨

營東字鋪帶字鋪　桃園邵字鋪　留守左衛矜

字鋪莊字鋪徘字鋪瞻字鋪聞字鋪

以上俱副兵馬分管地方

金吾前衛壁字鋪府字鋪將字鋪相字鋪路字鋪槐

字鋪戶字鋪封字鋪八字鋪縣字鋪　上坊門謂

字鋪　夾岡門助字鋪

以上俱吏目分管地方

西南崇禮街好字鋪爵字鋪

以上俱吏目分管地方接中城界

正西欽天監邛字鋪面字鋪洛字鋪浮字鋪渭字鋪

長安街動字鋪神字鋪　四牌樓守字鋪貞字鋪

志字鋪滿字鋪物字鋪

以上俱吏目分管地方接中城界

西北力士營弁字鋪　栢川橋轉字鋪

以上俱吏目分管地方接中城界

正北朝陽門仙字鋪舍字鋪　太平門對字鋪楹字

鋪肆字鋪筵字鋪席字鋪階字鋪

以上俱副兵馬分管地方接北城界

太平門外貫城達字鋪　吏舍承字鋪　牧馬所明

字鋪既字鋪集字鋪典字鋪聚字鋪羣字鋪英字

鋪杜字鋪鍾字鋪隸字鋪漆字鋪書字鋪

以上俱吏目分管地方

東北朝陽門啓字鋪　太平門納字鋪

以上俱副兵馬分管地方

境内廨宇

公署操江察院　中城察院　鳳陽倉察院俱太平門對字鋪地方　下江察院　京倉察院　廣藝堂俱太平門肆字鋪地方　後湖廳　刑部　都察院　大理寺俱太平門外達字鋪地方　宗人府柳樹灣禽字鋪地方　吏部　戶部俱柳樹灣篤字鋪地方　禮部　兵部　工部　工部看庫公署俱柳樹灣盤字鋪地方　翰林院　詹事府俱柳樹灣禽字鋪地方　太醫院柳樹灣駕字鋪地方　東城兵馬司柳樹灣據字鋪地方　中左府俱長安街神字鋪　右前後府俱崇禮街意字鋪　太常寺崇禮街意字鋪　通政司　欽天監　大教場坐營公署　伍營房把總公署　鴻臚寺

俱長安街神字鋪行人司　執駕公署　五城公署　會
同館　總督部院在會同館內總巡廳公署俱長安街動字鋪
講書院力士營弁字鋪巡邏把總廳仙字鋪地方兵部草場分
司長安街志字鋪內守備衙門柏川橋轉字鋪停驂館正陽門外中和橋獸
字鋪
本院各道私署天字號　玄字號　宇字號　日字
號俱太平門對字鋪
各衙門私署都察院正堂右堂　刑部正右堂　大
理寺右堂俱太平門四字鋪大理寺正堂　刑部浙江司
宅俱太平門對字鋪刑部司宅三所俱太平門楹字鋪大理寺司

宅二所　刑部司宅俱肆字鋪　刑部司宅一所太平門納字鋪　戶部司宅二所　太常寺廳宅俱長安街動字鋪　通政經歷宅　鴻臚寺廳宅　戶部司宅俱長安街神字鋪　戶科宅　吏部司宅　戶部司宅二所俱長安街守字鋪　兵部司宅　光禄寺宅俱長安街貞字鋪　禮部司宅一所

戶部司宅俱長安街物字鋪　兵部司宅力士營弁字鋪　工部司宅

崇禮街堅字鋪　戶禮工部司宅三所俱崇禮街操字鋪　吏部司宅

三所　兵部司宅　太常寺正右堂宅俱欽天監邙字鋪

戶兵部司宅四所　吏工部司宅二所俱欽天監洛字鋪

吏部右堂欽天監浮字鋪　兵部司宅西營邑字鋪　兵部司宅

工部司宅二所俱西營華字鋪工部司宅西營字鋪夏禮部正
右堂工部正右堂俱柳樹灣篤字鋪靈壁侯宅戶部
司宅二所兵部司宅工部大使宅俱柏川橋轉字鋪
吏部司宅二所兵部司宅戶部司宅俱西營都字鋪
吏部司宅柳樹灣觀字鋪戶部司宅朝陽門仙字鋪標營叅將宅
朝陽門靈字鋪
衛錦衣衛旗手衛俱欽天邱字鋪監府軍衛崇禮街好字鋪金吾
前衛柳樹灣據字鋪府軍右衛長安街滿字鋪留守左衛崇禮街爵字鋪
羽林左衛朝陽門丙字鋪金吾後衛太平門納字鋪孝陵衛朝陽
門外牧馬所朝陽門靈字鋪

倉備賑倉在會同館内

教場營地大教場國初建坐落槐字鋪地方　神機營國初建坐落畫字鋪

地標營萬歷三十六年立坐落方槲樹灣觀字鋪地方　太平營萬歷壬寅年建坐落

太平門肆字鋪地方

驛遞巡司朝陽税課司國初建正陽門外上坊橋　澅化鎮巡檢司

國初建高橋門外　龍潭巡檢司國初建麒麟門外

草場中和橋馬草場正陽門外彩字鋪

牌坊四牌樓長安街神字鋪　崇禮街牌坊一座在爵字鋪　貫城牌

坊一座刑部前　神樂觀牌坊二座正陽門外獸字鋪

城垣

金陵叢書

内城四門每門把總二員　盤詰官六員
原額軍餘一百名
通濟門　城上官廳一座　城鋪二十三座
旗臺二座　甕城四券垛口無
東至正陽門界西至聚寶門界適長計五百一
十一丈七尺東西兩邊垛口共七百五十座
本門衝要
正陽門城樓一座　城券一座　月城一座
城鋪十七座　旗臺五座　穿城水閘一座
東至朝陽門界西至通濟門界通長計九百零

八丈東西兩邊垛口共一千三百二十六座

本門衝要

朝陽門　城樓一座　城鋪七座　旗臺三座

水關一座　水溝三條

南至正陽門界北至太平門界通長計七百五

十四丈五尺南北兩邊垛口共一千零五座

本門僻靜

太平門　城鋪八座　旗臺二座　水洞二口

東至朝陽門界西至後湖小門界通長計八百

四十五丈東西兩邊垛口共一千三百二十七

座　本門券上城頭實砌垜口三十一座　本

門衝要

外城七門俱荒僻每門把總二員　盤詰官二員

夾崗門　軍餘六十名

上坊門　軍餘六十名

高橋門　軍餘六十名

滄波門　軍餘六十名

麒麟門　軍餘六十名

仙鶴門　軍餘六十名

姚坊門　軍餘六十名

山川

神烈山 神烈山舊名鍾山在東北朝陽門外志云東連青龍山西接青溪南有鍾浦下入於秦淮北接雉亭山相傳山有王氣今為 孝陵嘉靖中詔改今名例非郡所得書特志其形勝大觀山周迴六十里高一百五十八丈諸葛亮對吳大帝云鍾山龍盤指此漢末有秣陵尉蔣字文逐盜死事於此孫吳改曰蔣山又名金陵山又名紫金山又名北山即南齊周顒隱處孔璋作北山移文者兩峯秀起北一峯最高其巔有一人泉循泉西為黑龍潭相傳曾有龍現今深廣不數尺其上為太子岩又名曰昭明讀書臺岩西 有峴曰栽松曰楊梅岩曰頭陀緣蔣祠有玉澗 其崇崗曰孫陵 宋九日臺在馬峯之秀者曰屏風嶺後曰桂嶺碧石青林幽阻深靚其東有道士塢 道鄉岩八功德水在其下 西折為桃花塢道光泉宋熙泉陟左有東澗茱萸塢 山之南有岡曰獨龍阜峯曰玩珠梁時釋寶誌墓在馬起浮圖五級塔之西有洗鉢池落叉池又有鶴怨猿驚二谷

則好事者所加東山巔有定心石山之半有井其
泉與江潮盈縮名曰應潮泉　舊誌所云若此井
與江近地脉相通或之有餘不免附會南麓又有
霹靂溝　有曲水晉海西公疏以宴百僚宋時以
三月三日祓除于此里　山之支迤邐而南隱然隆
起者為龍廣山唐地志云江南道其名山衡廬
茅蔣朱紫陽亦云天下山皆發源于岷山蔣山實
其脉之盡者自孫吳建都以來便稱佳麗名賢勝
跡茲山為特富累朝崇尚虛無琳宮梵宇亦窮極
華麗蓋七十餘所今無復存者亦據載籍志其名
云劉勔別墅　招隱館　會宗堂　兩翁軒　定
林寺　草堂寺　大愛敬寺　太平興國寺　靜
壇　明慶寺　秀峯寺　翠微寺　悟真庵　定
林庵　崇喜萬壽寺　又有七佛庵　霜筠庵雪竹
庵宋熙寺寺西百餘武曰白蓮庵庵前有白蓮池
彌琴石南麓有朱湖洞茲山之可紀者南齊時崔
慧景遣千餘人魚貫緣山西巖夜下鼓噪臺軍震
恐侯景反邵陵王綸率西豐公文春等馬步三萬
發自京口直據鍾山景黨大駭陳大寶
元年齊軍潛至鍾山踰龍尾皆此也

臨沂山在東北四十里臨沂故城在其西南

雉亭山與臨沂接齊武帝遊鍾山射雉於此

衡陽山去雉亭東北五里許朗法師居此有衡陽神女來聽講後為此山之神因名

攝山與衡陽接山多藥草可以攝生有水注江乘浦夫攝湖即秦始皇所從渡江者而志云江乘浦在縣西北豈有兩江乘浦哉考之在東北者為江乘浦故縣以江乘名在西南者為江宼浦故縣以江宼名圖考誤又名繖山齊時隨石勢大小鑿佛像千餘名千佛嶺下為天開巖沈傳師徐鉉張稚圭祖無擇諸題名尚存嶺傍有白乳泉俱山勝處陳慶之口破齊師虜蕭軌即此

畫石山在攝山東岩下有石穴曰花洞

落星山在攝山北吳時建樓

木廬山在東北二十里江乘記云山陽有鍾乳穴

白山在東北三十里南與神烈接山產白石可為碑礎梁散騎常侍韋載有田十餘頃在江乘之白山築室屏居不入籬門者十載今城西南近出棲山有小山亦名白山

竹堂山在東七十五里西與白山接

雲穴山在竹堂東南有石穴天欲雨則雲氣蓊然

湯山在雲穴東山不甚高且童湯口其下禽鳥入輒死以灌草木則愈解茂

大城山在東七十里西與鴈門接

鴈門山在東六十里山勢連亘類北地鴈門東北有溫泉輿地志云白山鴈門竹堂並連帶建康東北綿亘三四十餘里

武岡山在東二十五里

青龍山在東南三十里山產石材質甚良郡人競取

期

方山在東南四十五里山頂平如鍾一名天印山淮經其下齊武帝嘗欲於此起離宮朝勝新林苑

徐孝嗣曰繞黃山欵牛首乃盛漢之事遂止徐嗣徽兵至秣陵齊人自方山進及倪塘

白土崗在鍾山南賀若弼進兵鍾山魯廣達屯於白土岡與弼旗鼓相對

溝瀆

本城河溝二道

自東北下鍾山川水接朝陽門外城壕復由城腳溝進入城銅井庵由青龍橋回龍橋入　大內五龍橋出北虎橋大通橋由烏蠻橋至柏川橋接秦淮出通濟水關直入大江

正陽門外中和橋大河一道上接溧水下由通濟

橋接南城界南門橋出關直入大江

津渡

東城正陽門外中和橋獸字鋪地方沿河一帶至上坊門外方山地方白村渡乃通溧水要津向遇春水泛漲往來行商被稍人停舟詐索一或風濤驟作閘每每舟沉居民王儀等具訴應天府修作陳公橋一座遂成長虹以便行商

橋梁

青龍橋迴龍橋俱柳樹灣仙字鋪白虎橋大通橋俱長安街動字鋪烏蠻橋長安街物字鋪栢川橋在轉字鋪地方中和橋獸字鋪過軍

橋正陽門外內字鋪上坊橋正陽門外左字鋪四板橋石埠橋坐落外城姚坊門外砍潭橋坐落外城麒麟門外河定橋夾岡門外甯橋通濟橋俱引字鋪蓮花橋御賜廊

古蹟

寶誌公塔在靈谷寺內奉

敕撰靈谷寺碑洪武十六年徐一夔撰

四絕碑吳道子畫誌公像李太白贊顏真卿書趙子昂書誌公十二時歌真誌公所遺法被四面繡諸天神像中繡三十三天崑崙山香水海高一丈二尺濶如之真齊梁時物景陽鐘元時鑄有一百八乳乳各異一名乳鐘俱存于靈谷寺內聲千佛巖棲霞寺山陸大字字游九言棲霞有二大字唐人書石刻四十二張經存般若庵法鐘太始中自鳴嘉靖辛酉年十月十八日夜自鳴多寶塔

銘汪道昆撰周天球書五百羅漢畫記董其昌撰并書俱貯棲霞銅井庵內一銅井有銅底蓋水自伏道中來從銅井口溢出達于御河南唐斷碑舊埋祈澤寺殿角明盛時泰出之其文字殘缺趙子昂多福寺三字碑扁國初有收童在寺傍戲劇二穴六朝遺刻有始興安成二碑在上下花林田中蔣廟碑銘江瀾撰在太平門外每年四月二十六日祭在社火東城牌官輪管祈澤寺本業寺碑東山任得翁書南唐乾德五年立方山洞玄觀葛仙公玄白日飛昇處洗藥池鍊丹井宛然古藤殘跡千載猶有靈氣山中有星布虎伏二石相傳有仙公飛昇杖履遺跡玄真觀有一蕉姑名奉真家住中和橋南其父以豆腐為業姑有仙術能祈陰晴有弟在神樂觀為道士一日召道士曰吾數日死期已近道士修醮與姊禳解畢道士來復姑謂醮無用奉玉帝表文上有汗數點玉帝未曾見也道士驚異果有汗倉忙未及換過又戒道士曰死後

不用龕輿棺只將蘆蓆捲送江浦縣定山上吾願足矣道士如其言送定山上忽雷雨驟作失尸所在封勑惠仙姑

祈澤寺龍泉高橋門外二十里　神樂觀瑞應醴泉碑永樂五年右春坊胡廣撰　靈谷寺八功德水朝陽門外八里　攝山白乳泉　品外泉　珍珠泉姚坊門外十里　方山八卦泉　葛仙翁丹井上坊門外二十里　天盂寺流水　雲居寺古松俱高橋門外二十里　天印山龍池　朝真觀檜徑　東山寺薔薇上坊門外二十里

寺觀廟宇

興善寺洪武初年勅成化己亥重修坐落北安門　靈谷寺梁天建十三年武帝為誌公建塔于山內玩珠峯前名開善精舍更為寺唐乾符中改寶公院開寶中改開善道場宋改太平興國

寺慶歷二年府尹葉清臣奏改十方禪院尋復寺額國初名蔣山寺因塔逼宮禁洪武十四年敕改今地賜額靈谷禪寺坐落朝陽門外地方

佛國寺舊名華藏庵景泰間奏賜佛國寺坐落太平門外地方

棲霞寺齊永明年明僧紹捨宅法度禪師建寺隋文帝琢白石為塔寘舍利唐改功德寺高宗改隱君棲霞寺武帝會昌中廢宣宗大中五年重建改妙因寺宋改普雲寺景德改棲霞禪寺元祐改嚴因崇報禪院又為景德棲霞寺虎穴寺洪武年仍賜棲霞寺坐落姚坊門外攝山地方

衡陽寺坐落太平門外地方

清果寺坐落太平門外收馬所地方

翼善寺又名東山寺梁資福院武帝建淨名院宋元改淨明名寺國朝正統十年重建賜今額坐落上坊門外地方

廣惠寺坐落上坊門外地方

祈澤寺宋景平元年建名祈澤治平寺會昌中廢南唐昇元間復建宋治平間改祈澤寺元至正二年重建國朝嘉靖十二年修葺為祈禱雨澤之所坐落高橋門外地方

天宝寺宋治平二年建國朝正統間重建復毀今僅僧

含數椽坐落高橋門外地方莊嚴寺永和四年造國朝永樂間重建坐落高橋門外地方

定林寺宋乾道末年秦高僧善鑑創撥上定林寺在鍾山寺廢因請其額于此遂名定林元至正間重修國朝弘治五年重建坐落高橋門外地方東霞寺在方山坐落上坊門外地方永福寺坐落上坊門外地方光相寺乾道志名光相院國朝永樂間僧行鎡重建坐落高橋門外地方天隆寺雲居寺俱坐落高橋門外地方觀音閣太宗文皇帝搆正德庚午毀越五年重建坐落朝陽門外孝陵衛龍字鋪草堂寺宋紹興間建坐落太平門外地方慈仁寺古刹名戒壇庵宣德二年重建坐落姚坊門外地方

神樂觀國初建玄真觀國初建俱獸字鋪地方黃鹿觀坐落高橋門外仙鶴觀漢時建萬歷間重修坐落仙鶴門外朝真觀正統年建坐落高橋門外譆化鎮地

方洞玄觀吳大帝赤烏二年造名洞玄觀唐正觀六年併入岩棲觀宋改崇真觀國朝重建仍名洞玄觀坐落上坊門外地方玉虛觀東吳時建茅屋唐保大間始搆殿宇萬歷十三年重修坐落上坊門外地方火神廟坐落朝陽門靈字鋪地方蔣廟坐落太平門外地方東流神廟坐落麒麟門外地方金山廟坐落上坊門外蕭公廟坐落滄波門外地方瘟司廟坐落滄波門外地方祠山廟坐落高橋門外湖墅地方東岳廟坐落上坊門外龍都地方靈濟道院坐落高橋門外土橋地方銅井院坐落榔樹灣仙字鋪地方十方律院又名三一庵坐落朝陽門靈字鋪地方吉祥庵天順年建關王廟俱坐落榔樹灣飛字鋪地方迴龍庵　五顯廟國初建私姑庵萬歷十九年造俱坐落朝陽門仙字鋪地方龍華庵坐落通濟門外水關地方圓通庵坐落雙橋門外地方慈憫庵坐落錦衣衛繒灣地方苜

萮庵洪武時建坐落朝陽門外地方普濟庵坐落太平門外牧馬所地方茶亭
庵坐落太平門外玉臉羣地方地藏庵坐落太平門外涼馬羣地方積善庵
坐落高橋門外涫化鎮地方即心庵萬歷三十六年建彌陀庵萬歷三十二年
建九天祠萬歷三十三年建竹林庵成化年建地藏庵天啓元年建俱
坐落太平門納字鋪地方萬壽庵旃檀庵俱萬歷四十年建生生庵
萬歷四十八年建俱坐落太平門階字鋪地方神洲娘娘庵洪武年建坐落太平門楹
字鋪地方尼姑庵萬歷三十二年建坐落太平門席子鋪地方觀音庵萬歷二十
二年建坐落西營夏字鋪土地祠萬歷九年造坐落西營華字鋪清隱庵觀
音庵俱萬歷四十二年造坐落長安街物字鋪月藏庵觀音庵俱萬歷三
十一年造坐落長安街動字鋪土地祠地藏庵俱萬歷年造坐落欽天監口字

鋪　土地廟洪武年建坐落太平門塡字鋪地方　土地廟　女僧庵嘉靖年建俱坐落崇禮街好字鋪　城隍廟洪武年造　海惠庵洪武年建舊名城隍廟嘉靖年改為海惠庵俱坐落朝陽門丙字鋪　般若庵萬曆二十二年建坐落太平門對字鋪　觀音庵萬曆四十二年建坐落西營都字鋪　晏公廟永樂年建坐落西營都字鋪　護國庵萬曆二十二年建坐落朝陽門舍字鋪　松山庵洪武年建坐落朝陽門帳字鋪地方　西方庵萬曆十六年建坐落朝陽門傍字鋪　晏公廟坐落金吾前衛戶字鋪地方

壇社

天壇　地壇　山川壇俱坐落正陽門外

鄉約

第一所在長安街書院
第二所在崇禮街留守左衛
第三所在西營觀音庵
第四所在欽天監留守後衛
第五所在柳樹灣關王庵
第六所在朝陽門三一庵
第七所在太平門興善寺
第八所在中和橋玄真觀
第九所在羽林左玄真觀
第十所在通濟門三茅道院

第十一所在金吾前衛
第十二所在　孝陵衛觀音閣
第十三所在牧馬所佛國寺
第十四所在牧馬所茶亭
第十五所在留守左孔官庵

南京五城察院職掌志卷之上終

南京五城察院職掌志卷之下

南京國子監生施沛撰

南城察院職掌

本城事宜

按南城兵馬司建設於聚寶門外曩時畫地而守東抵通濟門外接東城環旋而南至雙橋門沿土城丁字墻可取徑至溧陽溧水稍西則爲鳳臺門陶吳山北鄉之地正西出安德門爲太平府正道稍北則馴象門大石橋與西城接矣（有大市橋在今南門外西街此大石橋蓋賽工橋也）北則聚寶門內俱屬中城大河之委自

通濟門外九龍橋遶南城一帶過聚寶門鎮淮橋至馴象門外岐分北流經三山石城二門從龍江關而出南流過大石橋江東門江東橋至上新河入江山之著者雨花牛首山寺之著者報恩天界能仁碁布之鋪五十有一編戶在城之民三千三百三十九戶蓋山形環合下料物土亦天地之奥藏故其民多貿而善積輕子弟之學而重高曾之規相高以知相示以功其氐也由聚寶門而出五味六穀炮燔酪醴陳列於市錐刀之爭奇羸之操貿遷於塗其眺遠凭高則朝日如輪晚霞若錦桃

花雜渡紅塵百戲亦稱偉觀其荒壤亘野之場幽僻狹斜之中任俠少年鬬雞走馬揮劍千金被服麗鮮蓋素所漬漸然矣夫建康之俗固多狃於自便昔人云金陵不可以故常論神其轉移敦其化導安知南之不可為北為東為西邪又安知東西南北之不可以口輿拘邪

本城公署員役

巡視南城察院在北城䖏字鋪地方

大門三間　儀門三間　正廳五間　後廳三間

左右側房共六間東至大街上江察院　南至大街北至覆舟山腳　西至

本院項下

隨差書手一名無工食

承印吏一名

看公署門子一名

把門皂隷一名以上三名各工食錢三千九百六十文

燈籠夫四名每年工食錢三千六百文

本城兵馬司

正兵馬一員　副兵馬一員　吏目一員

吏戶禮工四房司吏一名經承徵收戶部江西司

鈔銀四十七兩一錢六分七厘二毫收支屯田鳳
陽鹽政察院總督部院戶禮工科工部抽分蘆政
分司紙贖
兵房典吏一名經承收支抽分京倉察院兵科京
營科紙贖
刑房典吏一名管理獄禁囚犯早起晚鎖收支操
江上下江察院刑科巡視察院紙贖
正兵馬員下書手十名副兵馬吏目員下各五名
撥差造卯簿書手一名俱無工食編定房號書手
一名庫書一名每名工食錢七千九百二十文

庫子一名每年工食錢一萬一千文額設西城關支
看堂夫五名看監夫五名每名工食錢三千六百文額設西城關支
巡夫燈籠夫共十二名每名工食錢三千六百文
總甲共五十二名每名工食不等
火夫共一百一十八名每名工食錢三千六百文
門子四名每名工食錢三千九百六十文
弓兵六十一名內工部取去一名看閘兵部驗差廳取去一名聽差頭牌二十名二牌十六名四牌十三名看監三名直堂六名三月一換日夜巡六

名各照該管地夫輪流挨差均撥五日一換每名
工食銀八兩五錢俱於兵部職方司領取

巡邏營

坐營官一員管五城地方

頭班遊巡官一員

管隊軍三名　　海巡馬軍八十一名

二班遊巡官一員

管隊軍三名　　海巡馬軍八十一名

錢糧

房鈔銀查本城房鈔共七萬八千六百一十貫每貫

折銀六毫共該折銀四十七兩一錢六分七厘二毫奉　祖制額設徵進京用本鈔係民住房屋上納每民房一間置　皇牌一面公匣收貯內庫每月十六日四牌吏目同經收該吏赴內府掌房科並戶科衙門註鎖前項鈔銀四季徵收令各總甲催納每季終填簿該吏親齎赴戶部江西司查比其鈔銀四季解交本部銀庫並無存留

門攤銀該戶部督稅分司每年六七月內牌發本城二牌清查本城門攤開張鋪面實在人戶二百三十七戶每戶徵銀三分三厘共計銀七兩八錢二

分一厘各季徵完呈報督稅分司給印信手本赴
戶部銀庫交納取庫收呈繳並無存留
披厦租銀本城居民有起蓋披厦人戶舊規自具狀
赴工部街道分司告明勘準陞租給單本戶納租
多寡不等計一百五十戶共租銀六十三兩零其
租每年俱本部親僉租長催各戶赴節慎庫投納
係本部親行親比本城毫不經收
本城房號錢支用款數排門冊內
排門冊原額徵錢一百零九萬一千六百二十五
文

見徵錢一百一十萬四千八百三十文

輿地

一本城兵馬司為中央

正南鳳臺街千字舖兵字舖倍字舖

正北鳳臺街家字舖給字舖

西南鳳臺街高字南舖高字北舖　東營振字舖

鳳臺門外輦字舖驅字舖

正東通濟街俊字舖乂字舖密字舖丁字舖

東南通濟街說字舖感字舖武字舖多字舖

西北澗字橋曲字舖阜字舖旦字舖士字舖

以上俱副兵馬分管地方

西北馴象街車字鋪駕字鋪富字鋪肥字鋪輕字鋪策字鋪功字鋪茂字鋪　直街漢字鋪　馴象所勒字鋪

正西安德街碑字鋪刻字鋪磻字鋪溪字西鋪溪字東鋪　馴象街寶字鋪　安德街佐字鋪時字鋪阿字鋪伊字鋪

西南養虎倉合字鋪　安德小門衡字鋪　黑窑祿字鋪世字鋪

正南養虎倉扶字鋪濟字鋪輔字鋪　七里街綺

字鋪　馴象街後字南鋪

東北聚寶街缸場馴象街後字二鋪沿城至馴象門大石橋與西城接界

以上俱吏目分管地方

境内廨宇

公署南城兵馬司在鳳臺街千字鋪土門崗　宣課司在潤字橋曲字鋪地方

巡邏廳在安德街礌字鋪地方　瓦屑壩在小安德門外　公館在安德門板橋地方

工部木廠在通濟街咸字鋪地方　典牧所在馴象門外　聚寶門

飯堂在馴象街富字鋪地方

衛留守前衛在馴象街功字鋪地方

倉羽林右衛養虎倉在本衛輔字鋪地方看守人夫二十名

驛遞巡司秣陵驛在夾崗門外舊縣治南大勝驛在大城港口江寧驛在安德門外離城西南六十里古江寧縣地後從縣置驛元名為站今復名驛路達采石至太平府大勝關兵部所屬秣陵巡司應天府所屬

牌坊聚寶街牌坊一座在鳳臺街家字鋪地方長干里牌坊一座在鳳臺街給字鋪地方先賢牌坊一座在鳳臺街兵字鋪地方

義塚鳳臺街高字北鋪一塊萬歷三十八年上元縣周知縣買地一塊長二十三丈闊四丈五尺東至陳家山西至李家墳南至萬家墳北至陳家靛坑倍字鋪一塊嘉靖十九年欽定漏澤園於萬歷十六年山西道黃清查出東至瑞院牆南至官溝西至朱家街北至汪太監墳東營振字鋪五塊一塊嘉靖十九年欽定漏澤

圍長三十丈闊二十六丈東至鳳臺門官山地西至本門官山南至本門官溝北至本門城牆一塊嘉靖十九年欽定漏澤園計五畝八分東至襄府墳埂西至羽林右衛軍地南至走路口北至襄府地一塊萬歷四十二年鄭生員買長五丈闊三丈東至走路西至襄府地南至本府地北至本府地一塊萬歷四十五年胡生員買長五丈闊五丈東至高家墳西至張家籬笆南至黄家籬笆北至徐家田一塊萬歷三十八年楊太監買計四畝四分東至官街南至劉家墳西至雷家埂北至土埂

鳳臺門外輦子鋪十塊

一塊萬歷十七年魏國公徐置長四丈闊八丈南至笪家山西至大街北至更鋪東至本府山一塊萬歷十七年本城楊兵馬置長七丈闊四丈五尺四至有石柱為界一塊萬歷四十一年禮科晏買長五丈闊三丈東至夏家田西至義塚南至笪家墳北至湯家山一塊萬歷十二年上元縣李知縣買長四丈闊二丈東至水溝西至毛家地南至馬家涇北至宋家地一塊萬歷四十三年鄒鄉官買長八丈闊四丈東至笪家園西

至宋家山南至馬家山北至笪家園一塊萬歷四十三年禮科晏置長十丈濶八丈東至蔣家山南至笪家園西至鄒鄉官墳北至山脚下一塊本年禮科晏買長五丈濶三丈東至蔣家橋西至走路南至走路北至本家埂一塊先年江西道王買長四丈濶三丈東至蔣家地西至陳家院黄買計二十八畝東至墻脚西至土埂南至趙家埂北至丁家橋一塊萬歷四十三年察院吴買長五丈濶四丈五尺東至胡家地西至趙家山南至胡家山北至朱家墳

驅馬家舖一塊萬歷三十八年何鄉官買長十四丈濶十丈東至水塘南至陳家地西至山埂北至走路

安德門外佐字舖一塊嘉靖年間禮部尚書鄒買長六丈濶五丈東至官巷西至李勑校尉墳南至方家山北至李勑校尉墳

城垣

外城五門俱荒僻每門把總官一員

委官一員　盤詰官一員

鳳臺門　軍餘二十六名

安德大門　軍餘二十名

安德小門　軍餘二十四名

馴象門　軍餘三十四名

雙橋門　軍餘三十七名

山川

雨花臺山先朝為聚寶山在聚寶門外山產細石如瑪瑙胡名其東巔為雨花臺戚家山在聚寶門外景定志在天禧寺東天禧寺即今報恩寺天竺山在聚寶門外安德街碧峯寺內芙蓉山在聚寶門外黑窑地方普德寺山在聚寶門外鳳臺街高字

北鋪地方木末亭山鋪在聚寶門外鳳臺街兵字地方有方公祠在上越王臺山在聚寶門外瀾字橋馴象所勒字鋪地方梅府山欽賜梅皇親墳坐落鳳臺街千字鋪地方郭府山欽賜郭駙馬墳坐落鳳臺街給字鋪地方梓桐山在江寧縣南十五里高三十八丈山下有謝氏詩樓經臺基存紫巖山在縣南與梓桐山相近高三十八丈夏侯山在縣南二十五里高三十五丈梁儀同夏侯亶愛其風景卜居山下因名韓府山在縣南十五里舊名鳳凰山以韓憲王葬於此因名翠屏山與韓府山相連[illegible]敝山在縣南去城二十三里周八里高二十五丈以形似名牛首山在縣南三十里周四十七里高一百四十丈一名牛頭山以其兩峯並峙如雙角然即佛書所稱江表牛頭者也晉王導以其遠對宣陽門指為天闕故又名天闕山祖堂山在牛首山南十里周四十里高一百二十七丈宋大明于山建幽棲寺因名幽棲山陽山在祖堂山南白山在花巖西巖

山在牛首山東周十五里高七十一丈有吴石刻宋孝武改曰龍山景陵在焉實録吴後主天璽元年立石刻于巖山紀吴功德

上功山在巖山南其東北為福子山又東為大山小山皆相連

青山在牛首山南十里舊有幽巖山

張山在尹山之東與尹山東西對峙橫山之水從中而出

禁龍山在葛塘西自吉山折東亦名大山

吉山在縣南去城四十五里周三里高十丈西臨大江宋征虜將軍建城侯吉翰葬此因名

觀子山在縣南去城三十里周四里一百步高八十三丈東有水下注新林浦一名觀山

蔣碧山在牛首山西南

朱門山在縣南八十里

牛跡山在朱門鄉其半為太平府界

男山

女山

姑山俱在朱門鄉三山聯絡森秀挺拔蒼翠女山有石洞號為仙靈遺跡數十里外望之秀入雲霄羣山鮮匹又顏料山亦接此山

麻山在江甯鎮此山自太平東奔亘數百里

大青山在觀山南十五里周三十五里高一百二十五丈西有水下注平陸

陰山在大勝關

西南湖山在縣南三十里高七十丈上有湖久旱不涸車府山在縣西南四十里周九里二百步高一百丈六朝嘗於此山藏車乘器甲故名龍口山在縣南三十五里高十八丈戚氏志山有李琮墓前有三城湖馬鞍山在縣西南三十五里周四里一百二十步高八十五丈以形似名落星山在縣西南五十里周二里高一十丈西臨大江舊圖經云昔有大星落此因名銅山在縣東南七十里周十九里高一百丈昔人採銅于此山故名慶元志山南名牛坑金烈山在縣西南七十里或曰山近烈洲故曰烈山其山四面峭絕下臨大江風濤洶湧商旅嘗泊舟依山以避之絕頂叢棘中舊有侯將軍廟金山宋寶祐初有僧建庵其上自名為江心護國寺晁無咎嘗以比潤之金山三山在縣西南五十七里周四里高二十九丈大江從西來勢如建瓴而此山突出當其衝輿地志云其山積石森鬱濱于大江三峰行列故號三山李白詩三山半落青天外指此晉王濬伐吳宿於牛渚部分明日前至三山舊有李温叔祠在磯

上白都山在縣西南七十里周五百步高二十丈西隣大江自白仰都嘗居此修道白日昇天因名山下有白都湖山上有仲都祠吳志諸葛恪誅子竦載其母走孫峻遣張承追斬于白都即此

鼓吹山在縣南八十里周一十七丈高八十丈東北有水四望孤絶宋孝武大明七年自江寧南登此山奏鼓吹因名

龍山在縣西南九十五里周二十四里高一百一十二丈北有水其山似龍形故名金陵志與當塗縣界

白蕩山在縣西南七十里周二十里高四十五丈北接高巘山

慈姥山在縣西南一百一十里周二里高三十丈與太平府近境相接山南有慈姥廟因名輿地志山積石臨江岸壁峻絶出竹堪為簫管俗呼鼓吹山

天竺山在慈姥山西十里周一十七里高十九丈東有水下注慈姥浦其北連嶺十里本名多豎山唐上元間有天竺僧道融移福興寺于此山因名

橫望山在縣東南一百二十里周八十里高二百丈接太平府界四方望之皆橫故名山有十五峯丹陽記丹陽縣東有橫山連亘數十里或曰楚子重至

于横山即此又名横望山土門崗在長千里即楊忠襄公死節處鳳臺崗近鳳臺門

梅崗詳聚寶山下段石崗詳巖山下犬城崗今作港舊有大城港水驛今廢

落星崗在縣西三十里落星洲上周十里上有小阜高數丈南史顯達以數千人登落星崗新亭諸軍聞之奔還宮城大駭即此洲也石子崗在縣南十五里一名石子墩長二十里高十八丈吴志孫峻殺諸葛恪投之此崗輿地志宋大明中起迎風觀于上舊經俗説此崗多細花石故名

因金陵崗在城西龍灣路上景定志相傳秦厭東南王氣鑄金人埋于此昔有一碣刋其文不在山前不（不在山後）在山南不在山北有人獲得富了一國後砌靖安路失之南崗在城南往婁湖路上南史沈慶之詩老朽筋力盡徒步歸南崗即此處

溝瀆

本城通河水溝

自南鳳臺街先賢坊兵字鋪溝水至報恩寺流至
來賓橋至澗子橋通流大河
自北高字北鋪泉水橋小溝至普德寺前一帶至
善世橋溝流至留守前衛躍馬澗五聖廟至澗子
橋流出大河
自西天界寺溝至就灣橋善世橋亦至留守前衛
溝至澗子橋流出大河
自東南馴象街後字南鋪溝水從報恩寺流出至
重譯橋出大河西天寺前水閘一口本寺水從閘
出流至大河

自西安德街碑子鋪起一帶小溝水流至善世橋

至碉子橋出大河

自東北通濟街多字鋪至丁字鋪止俱有小溝水

流大河又字鋪有水閘一口本鋪一帶小溝水流

大河密字鋪小溝一帶水流大河

津渡

本城安德小門外古毛公渡國初有船過渡今萬曆年間改作板橋係工部修造水從大勝關來至江東橋入大江中渡在安德門外

橋梁

聚寶橋在于聚寶門外古長干橋一名長安橋疑于誤也今名鎮淮橋曰大石橋一名

賽工橋在馴象門外弘治間應天府尹吳重修

重譯橋在長安橋東金陵故老相傳即古烏衣巷口謂即朱雀橋非是馴象街後字鋪地方

來賓橋即故望國門在馴象街近橋有來賓樓因名

善世橋在來賓橋西躍馬澗弘治間重修戶侍鄭紀撰記

就灣橋在安德街

霸王橋古名在馴象街

澗子橋在來賓橋北曲字鋪地方

泉水橋在鳳臺街高字鋪地方

九龍橋在通濟門外東邊屬東城西邊屬南城多字鋪地方

板橋在西南四十里晉伐吳丞相張悌死之悌家在板橋

六塘橋在南八十里

草塘橋在鳳臺門外

江寗橋在南六十里

木龍橋在南七十里古牧放之所

東善橋在東南四十里吉山下

古蹟

大報恩寺永樂二十二年建坐落鳳臺街家字鋪地方內琉璃寶塔

高座寺建于永嘉

中名甘露寺洪武中重修兵字鋪地方

安隱寺建于宋紹興四年即古之安隱院正德已已年重修倍字鋪地方

寶光寺建于劉宋時名天王寺又為光普寺萬歷甲申年刑部郎中何思登重修倍字倍鋪地方

月印菴建于元朝舊基正德庚午年工部主事黃謙重修高字南鋪地方

永寍寺古名剎按志高座亦名永寍自宋暨今弘治丁巳年工部主事黃謙重修兵字鋪地方

永寍庵建于永寍寺相連兵字鋪地方

寶林庵魏國公徐創立倍字鋪地方

瑞相院建于太平興國二年鋪字鋪

永興寺建于成化初年扶字鋪地方

普照寺建于成化初年嘉靖乙未年南刑部郎中白鑑重修倍字鋪地方

惠應寺建于正德年扶字鋪地方

大慧庵新建通濟街密字鋪地方

普德寺建于正統三年太監劉造在鳳臺街高字鋪地方

到彼庵新建武字鋪地方

西天寺建于正統十三年剮象街實字鋪地方

楊忠襄公祠宋朝建康府判于萬歷三十七

年南兵部侍郎張重修千字鋪地方

劉公祠原任南工部郎中萬歷壬子年禮部郎中施重修千字鋪地方

關公廟建于萬歷四十四年兵部武選司郎中王字修兵字鋪地方

先賢祠萬歷三十五年禮部郎中葛建于普德寺後山

汪公祠原任應天府尹萬歷六年重修兵字鋪地方

上清院建于正德八年兵字鋪地方

清源觀建于至正二年兵字鋪地方

弘覺寺梁天監間司空徐度建名佛窟寺永樂十年太子少師姚重修坐落牛首山

廣緣寺小刹敕賜國初建郭外南城建業鄉東

三山寺小古刹敕賜洪武年建郭外南城光澤鄉東北地方

圓通寺小刹國初建郭外南城光澤鄉

佑聖菴國初建郭外南城孝義村東北

資福寺小刹國初建郭外南城建義鄉

靜明寺小刹敕賜國初建郭外南城安德鄉

新亭崇因寺古刹劉宋時名曠野寺建國郭外南城安鄉德北

鳳嶺寺敕賜正統三年間建宣德元年吏部尚書黃重修坐落鳳臺門驅字鋪地

方外永寧寺中刹勅賜正德年間造郭外南城安德鄉北

智安寺小刹國初僧曇周塔院景泰間毀今僅存僧院南城新亭鄉北

德勝寺小刹敕賜國初建郭外南城安德鄉街西

廣興寺小刹敕賜景泰二年僧惠興創造郭外南城安德鄉迤北

德壽寺小刹國初建都門外南城安德鄉西去

太崗寺郭外南城西善橋地方

永泰寺小古刹唐開化年間建都門外南城安德鄉西

祝禧寺中刹敕正德年間建郭外南城安德鄉

天隆極樂寺小刹敕賜正德年間為天然和尚塔院建郭外南城安德鄉

獻花巖花巖寺中刹敕賜成化間僧古道德達建寺郭外南城歸善鄉北

慧光寺小古刹敕賜宋治平建因賜古光宅寺洪武中僧無隱重建在郭外南城新寧鄉南

幽棲山祖堂寺古刹宋大明中建寺唐貞觀初僧法融為南第一禪師居此在郭外南城建業鄉北

寧海寺敕賜正統年間中使至西洋諸國船回遇海風作念佛號解奏聞敕賜此寺在郭外

南城地西

靜居寺古剎乾道志本唐天福寺基南唐復為靜住院宋治平改今額國朝如之按實錄梁天監五年置淨居寺在郭外南城江寧鎮東北

清福寺小剎國初建郭外南城秣陵鎮北

棲隱寺洪武年間創在郭外南城秦南鄉東

葛塘寺在郭外南城秦南鄉東

真如寺洪武年間創隆慶間重修在郭外南城葛僊鄉沓卷北

妙明寺在郭外南城仙鄉北

葛天竺山福興寺梁大同二年袁平造唐上元二年改天竺山國朝重修在郭外南城天竺山下北

後陽寺古剎開寶八年賜額在郭外南城祁門鄉西

清修院古剎宋治平賜額俗呼青山寺在郭外南城皈善鄉西

後黎寺古剎後名淨相院唐天佑中建南唐給額為泗洲塔院崇寍中改淨相院俗呼今名國朝洪武年重建在郭外南城銅山鄉西

建昌寺古剎乾道志名建昌院郭外南城南鄉北

西林寺古剎宋紹定間建在郭外南城北鄉西南

般若寺古剎敕賜元大德中有詁秀禪師至此　太祖渡江

闍師名入山輿語相契敕賜建在郭外南城天王山南去

高臺寺 按志本高公臺院宋景平中建後改今名在郭外南鄉南去

明性寺 在郭外南城山南鄉南去

衲頭庵 在郭外南城山南去

鳳山天界寺 大古刹舊名龍翔集慶寺在城中閂駕橋北元文宗即位詔以金陵潛宮改建洪武二十一年災勅徙城南閒寂處與民房不相接出內帑大建剎宇更名天界榜寺門曰善世法門在安德街西溪字東鋪地方

天竺山能仁寺 在古城西門劉宋元嘉中文帝建名能仁寺今都城門外南城東去

碧峯寺 東漢年間秣陵寺後改圓通寺今國朝改名碧峯寺在安德街溪字西鋪地方

永福寺 洪武二十一年建在安德街溪字西鋪地方

赤石磯 在聚寶門外城濠相傳為古烏衣巷處

義井 在城南天禧寺側即今報恩寺天聖五年丞相李迪鑿

焦婆井 在聚寶山南

雷山義井 在德恩寺內石欄圍丈餘上刻雷山義井四字篆畫古甚

井亭四座 東二座坐落安德街西二

座坐落鳳臺山

落馬澗一名南澗流入城濠宋孝武討元兇劭劭軍敗人馬傾滿澗中故名戚氏志南史有南澗寺慶元志南澗即今落馬澗宋有南澗樓見荆公詩比年始題其榜曰躍馬澗人皆相沿呼之矣今名善世橋

鄉約

第一約所在高字北鋪普德寺講

第二約所在寶字鋪西天寺内講

第三約所在功字鋪五聖廟内講

第四約所在溪字西鋪天界寺講

第五約所在溪字東鋪能仁寺講

第六約所在武字鋪到彼菴内講

第七約所在落鄉西善橋太崗寺講

第八約所在落鄉板橋公館内講

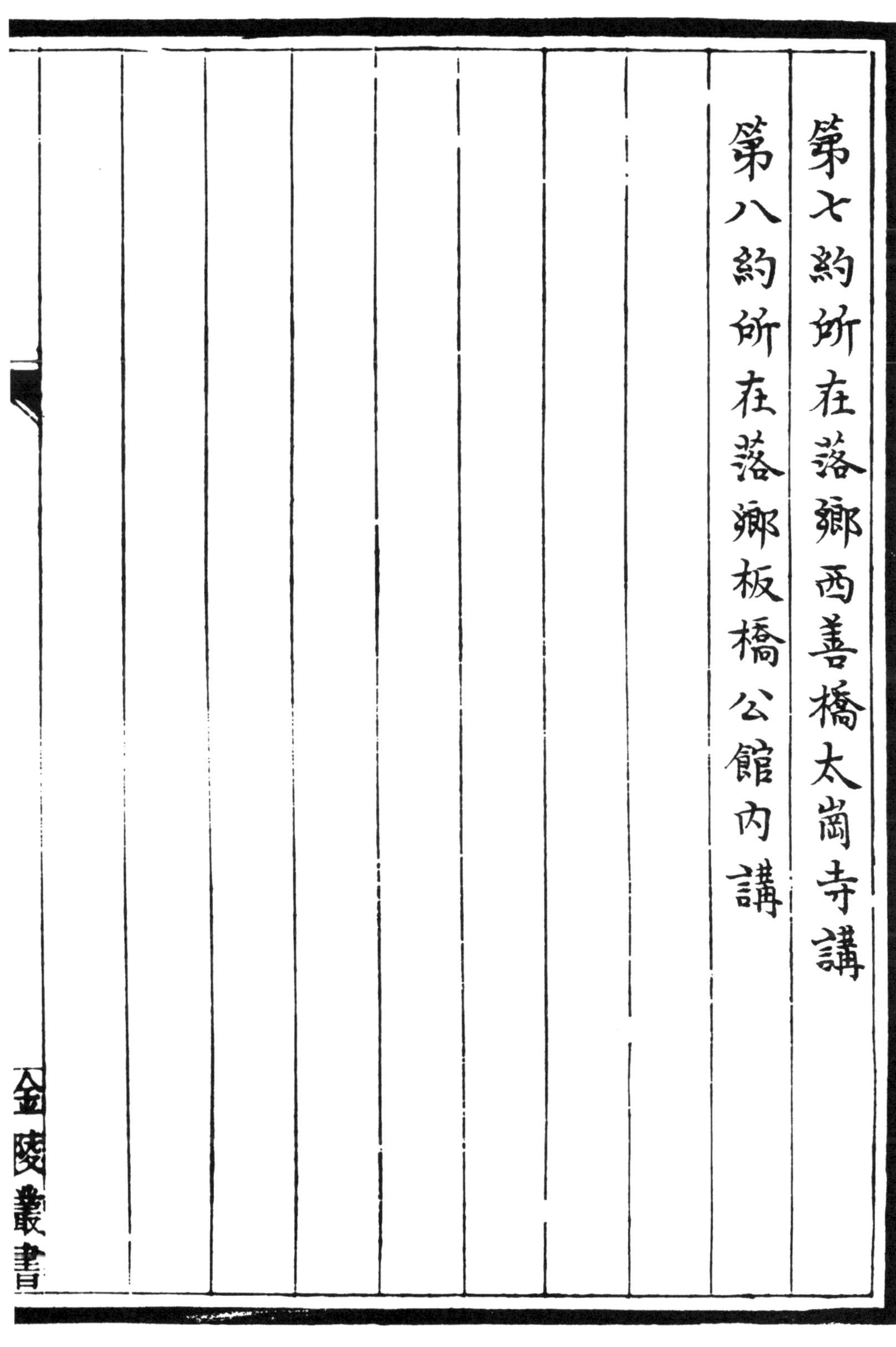

翁氏藏本

西城察院職掌

本城事宜

按西城兵馬司西偏江上之要司也東望三山密邇中城而南越賽虹則南城之馴象在焉稍西瀰漫之沙洲乃典牧之分土可槩也東折而北天妃儀鳳而同輝虎踞鷹揚以並峙中北兩城之畫地相錯如繡矣若所稱上新河王家渡金家渡龍江關草鞋夾江口諸處又皆問津艤舟之所也而豹韜天策龍虎龍江與水軍左右諸衛則荆棘之所生豺狼之所嘷其碁布於城內金陵滈鹵間者是昏

夜莫得而詰也就中上河龍關百貨交集四方襍處熙來穰往肩摩踵接此亦　留都一勝地哉而浩浩天暫橫楫如林長鯨短狐出殁無時荒谷僻澤實生龍蛇歲之不易不虞之不戒所係豈其微乎語曰為之其未有也治之其未亂也有味乎其言之也

本城員役

本院項下

隨差書手一名無工食

承印吏一名

看公署門子一名以上二名各工食錢三千九百六十文

燈籠夫四名每年工食錢一萬四千四百文俱在本城房號内支領

聽事兵弓二名每年工食銀八兩五錢在于南京兵部職方司支領

本城兵馬司

正兵馬一員　副兵馬一員　吏目一員

吏刑二房典吏一名管理獄禁囚犯早起晚鎖

徵收户部督税分司所屬龍江江東二司門攤

銀二十四兩四錢收支操院上江下江察院吏

科刑科内外守備衙門紙贖銀兩

禮戶工三房司吏一名徵收戶部江西司鈔銀七

十三兩五錢五分零四毫收支屯馬抽分鳳陽

倉察院總督部院京營科道禮科久庫科黄冊

科工科戶部督税分司工部蘆政抽分紙贖銀

兩

兵房典吏一名經承撥派本城及各衙門公差弓

兵徵收船料銀九十六兩三錢收支鹽政船政

察院紙贖銀兩

書手正兵馬員下八名副兵馬員下七名吏目員下四名寫監簿書手一名俱無工食編定房號

總書一名庫書二名工食每名錢七千九百二十文

庫子二名每名工食錢一萬一千文

看堂夫五名看監夫五名每名工食錢三千六百文

巡夫燈籠夫共十二名每名工食錢三千六百文

總甲共八十七名工食不等

火夫共一百九十三名每名工食錢三千六百文

門子共四名每名工食錢三千九百六十文

以上俱于房號錢内支給

弓兵七十三名内刑科巡視察院内外守備衙門

土部街道分司取去五名看守三山門内外水

關閘共五名内撥看監三名直堂六名三月一

換日夜巡七名各照該管地方輪流挨差均撥

五日一換每名工食銀八兩五錢俱于兵部職

方司給領

巡邏營

坐營官一員管五城地方

頭班把總一員　　衛總二員
管隊軍十一名　　海巡馬軍十五名
二班把總一員　　衛總二員
管隊軍十一名　　海巡馬軍十五名

濟川衛
掌印指揮一員
僉書指揮一員
經歷一員　　鎮撫一員
鷹揚衛並龍江左天策龍虎左水軍右水軍左豹
韜共七衛係本城所屬城裡地方軍鋪四十一

鋪標把共一百一十六把巡軍共四百一十六名每衛巡捕官二員乂衛共巡捕餘丁九十九名城外民鋪四十五鋪係留守中濟川錦衣三衛每衛巡捕官二員三衛共巡捕軍餘二十三名上新河南北岸係屬江邊並左右河營每夜輪撥選鋒五十名遞相交接巡邏每遇冬月加添選鋒五十名

錢糧

房鈔銀查一本城房鈔共十二萬二千五百八十四貫每貫折銀陸毫共該折錢七十三萬五錢五分零

四厘奉　祖制額設徵進京宫用本鈔係民住房屋上納每民房一間置　皇牌一面公匣收貯内庫每月十六日二牌兵馬四牌吏目輪流同經收該吏赴内府掌房科並户科衙門註鎖前項鈔錢四季徵收令各總甲催納每季終填簿該吏親賫赴户部江西司查比其鈔銀四季解交本部銀庫並無存留

門攤銀該户部督稅分司所屬龍江江東二司門攤每年六七月内本部牌行本城二牌清查本門城攤開張户鋪面實在人户共七百四十户每户徵

銀三分三厘共計銀二十四兩四錢二分冬季徵
完呈報督稅分司給印信手本赴戶部銀庫交納
取庫收呈繳並無存留
披厦租銀本城居民有起蓋披厦人戶舊規自具狀
赴工部街道分司告明勘准陞租給單本戶納租
多寡不等共計二百四十七戶共租銀一百二十
兩零一錢八分五厘逐年增減不一其租每年俱
本部親僉租長催各戶赴節慎庫投納係本部親
行親比本城毫不經徵
餘豬銀每逢五日抽分一次豬隻多寡不等每豬三

十口爲一起內抽猪一口猪商例該交銀一兩三錢親赴本司户房吏處交納類解上元縣庫取獲庫收呈繳抽分察院其銀聽太常光禄二寺支銷船科銀本城地方所轄船户共七百五十一户共該料一萬二千七百一十七料每料六厘共徵銀七十六兩三錢將銀徵貯本司兵房吏處聽候都察院各道大理寺並吏户兵刑等衙門支取覓船裝載食鹽如遇上司取撥船隻裝載行李亦支料銀僱船裝運其用過銀數登報循環赴巡視察院銷筭

江東驛應付廪給口糧每日不等逐月二次揭報巡城察院巡城察院朔望二次具揭報堂其錢粮該驛於應天府支領銷算

遞運所水旱府夫工食俱應天府支給在於本府銷算

河泊所徵收漁網戶應納錢赴內廠交納銷算即在內廠

竹木局聽抽分察院並工部抽分柴炭商人税銀上納工部聽候部院銷算

龍江鈔關並宣課司收納課税錢糧於戶部督税分

司上納銷算
本城房號錢支用款數詳排門冊内
排門冊原額徵錢三百零三萬九千八百四十一
文
見徵錢三百零三萬四千八百零九文

輿地

一本城兵馬司為中央
正東司左三山門外盋字鋪與中城職字鋪城二
拳為界　北街遂字鋪
正南司前賽虹橋賞字鋪與南城馴象門漢字鋪

為界　中街晉字鋪楚字鋪　南街横字鋪
西南司右中街覇字鋪趙字鋪魏字鋪假字鋪
以上俱吏目分管地方
上新河南岸精字鋪宣字鋪沙字鋪　北岸起字
鋪法字鋪牧字鋪用字鋪軍字鋪最字鋪至洋子
江邊為界
東北司左石城門外漠字鋪　清江門馳字鋪
黄船厰譽字鋪　定淮門丹字鋪　晏公廟青字
鋪　車船壩九字鋪州字鋪　鮮魚巷跡字鋪
天妃宫郡字鋪與北城儀鳳門裏券嘯字鋪相接

豆腐巷秦字鋪　龍江關外嶽字鋪水軍左衛
内庭字鋪遠字鋪綿字鋪邈字鋪岫字鋪治字鋪
本字鋪農字鋪　龍江左衛務字鋪茲字鋪稼字
鋪穡字鋪俶字鋪載字鋪南字鋪畝字鋪

以上俱副兵馬分管地方

鷹揚衛稷字鋪與中城佐字鋪北城陳字鋪相接藝
字鋪黍字鋪稅字鋪熟字鋪　豹韜衛貢字鋪新
字鋪勸字鋪敦字鋪孟字鋪素字鋪　天策衛史
字鋪秉字鋪直字鋪庶字鋪　龍虎左衛中字鋪
庸字鋪謙字鋪謹字鋪勅字鋪　水軍右衛聆字

鋪音字鋪察字鋪理字鋪鑑字鋪

正北司後橋子巷踐字鋪　石城關紫字鋪塞字

鋪　塌房赤字鋪

正西司右直江口土字鋪會字鋪何字鋪約字鋪

以上俱吏目分管地方

西北司後石城橋田字鋪　清江廠鷹字鋪　下

劉公廟主字鋪

以上俱副兵馬分管地方

三汊河禪字鋪　草鞋夾岱字鋪宗字鋪泰字鋪

以上俱吏目分管地方

境内廨宇

公署總府土字舖督稅分司坐落楚字舖西城兵馬司坐落途字舖遊兵營坐落趙字舖新江口坐營廳坐落土字舖把總廳坐落土字舖抽分豬羊公署坐落土字舖濟川衛坐落土字舖造船廠坐落赤字舖江濟二衛撥船廠坐落馳字舖龍江把總廳坐落秦字舖龍江抽分公署坐落秦字舖江濟二衛收木廠坐落赤字舖龍江提舉司坐落州字舖工部督造分司坐落州字舖鱏魚廠坐落最字舖巡邏廳坐落宣字舖典收所坐落沙字舖内圩神官堆磚瓦廠坐落宝字舖靛園廠坐落譽字舖黃船廠坐落譽字舖城内巡邏廳坐落本字舖檢驗廳更衣廳坐落

土字鋪飯堂坐落土字鋪

衛濟川衛坐落直江口土字鋪

倉水軍左衛倉坐落綿字鋪看守人夫十名龍江左衛倉坐落南字鋪看

守人夫十五名預備倉係上元縣屬看守坐落賞字鋪豹韜西倉坐落貢字鋪看

守人夫七名豹韜東倉坐落孟字鋪看守人夫八名豹韜左倉坐落欵字

鋪看守人夫八名天策南倉坐落中字鋪看守人夫十五名天策北倉坐落

吏字鋪看守人夫十五名鷹揚倉坐落稷字鋪看守人夫十名

水兌五六場倒塌止存二三四場每遇糧米到場係

臨場總甲看守放畢停聽止

教場營地新江口營坐落會字鋪係國初建沙洲屯營坐落假字鋪圩

內萬曆元年建龍虎左營坐落本衛勑字鋪鷹揚營坐落本衛藝字鋪

驛遞巡司江東驛坐落會字鋪江東巡檢司坐落土字鋪江東宣課司坐落土字鋪龍江遞運司坐落跡字鋪龍江河泊所坐落跡字鋪龍江竹木局坐落秦字鋪龍江宣課司坐落秦字鋪龍江鈔關坐落秦字鋪

牌坊西關中街牌樓一座坐落三山門外晉字鋪新江關牌樓一座坐落字直江口會字館鋪

義塚三山門外逐字鋪地方義塚一處萬曆三十二年蒙鹽政察院李御史用價置買民地前至北街後至茭瓜塘左至王家地右至官講賞字鋪地方義塚一處萬曆二十七年內守備置買前至官街後至潮河左至民地右至經廠地界

城垣

外城石城關城門一座荒僻把總官二員　軍餘二十名

江東門城樓一座衝要把總委官二員　盤詰官一員　軍餘三十名

山川

毬山在儀鳳門外郡字鋪

溝瀆

本城三山門外盃字鋪南邊城腳下有水關通於城內水從中城自東川出本城外河船隻通行內外

翁氏藏本

裝載貨物直抵龍江關草鞋夾口出大江

寊字鋪東邊有水洞一處在於城脚下内係中城

所屬自東川水出城至大河

石城門外漢字鋪東邊有水洞一處在于城脚下

内係中城所屬自東川水出城通河

清江門外馳字鋪有水洞三處俱在城脚下内係

中城所屬自東川水出城通河

清江門外馳字鋪有水洞三處俱在城脚下内係

中城所屬自東流水川出城外通河

津渡

上河北岸最字鋪原舊設木浮橋一座萬歷三十七
年奉 操院丁開濬河道將橋折毀以便商船好
避風浪今造官船二隻往來渡送召募渡夫四名
每名給工食錢八千八百文在于本城房號庫支
領銷算

金家渡坐落九字鋪 王家渡坐落禪字鋪

橋梁

賽虹橋坐落賞字鋪 箋子橋坐落寅字鋪 石城橋坐落田字鋪 江東
橋坐落土字鋪 通商橋坐落秦字鋪 石橋坐落秦字鋪 積善橋坐落
用字鋪 弘濟橋坐落嶽字鋪

古蹟

江東吳王壩坐落沙字鋪　白鷺洲坐落沙字鋪　石蝦蟆坐落馳字鋪

白鱔洞坐落馳字鋪　石城鬼面城坐落馳字鋪　莫愁湖坐落逵字鋪　三宿巖坐落郡字鋪靜海寺內　養濟院坐落賞字鋪　古井亭坐落趙字鋪　獅子甘泉一眼坐落郡字鋪靜海寺內　吉祥寺坐落本字鋪永樂年剏　金陵寺坐落秉字鋪國初剏　接待寺坐落會字鋪洪武三十一年剏　普惠寺坐落楚字鋪永樂元年造　靜海寺坐落郡字鋪永樂八年剏　天妃宮坐落郡字鋪永樂七年剏　護國庵坐落沙字鋪永樂五年剏　觀音庵坐落礬字鋪天順二年剏　赤腳庵坐落青字鋪洪武元年剏　梁家庵坐落州字鋪　一真庵坐落秦字鋪永樂五年剏　玉虛庵坐落秦字鋪洪武元年剏　真武庵坐落鷹字鋪天順六

年剏蓮花庵坐落主字舖永樂五年剏維摩庵坐落主字舖永樂五年剏彌勒
庵坐落岫字舖永樂年間剏古林庵坐落本字舖洪武元年剏天妃庵坐落務字
舖洪武元年間剏鐵山庵坐落稼字舖洪武年間剏古槐庵坐落南字舖洪武十
二年剏古蓬庵坐落畝字舖洪武十六年建興覺庵坐落趙字舖洪武元年建
永寍庵坐落趙字舖嘉靖四十年建法雲庵坐落趙字舖嘉靖五年建月印
庵坐落踐字舖嘉靖二年建關王庵坐落會字舖永樂年間建五顯庵坐落何字
舖成化二年建劉府庵坐落貢字舖洪武元年間隱仙庵坐落敦字舖嘉靖元年建
祖師庵坐落素字舖洪武元年建三濟庵坐落音字舖洪武元年建栗樹庵
坐落音字舖洪武元年建古鏡庵坐落察字舖洪武元年建左所庵坐落約字舖洪
武三十二年建中和庵坐落塞字舖正統年間建旃檀庵坐落塞字舖嘉靖元年建

祖燈庵坐落理字鋪洪武元年建　煉魔庵坐落鑑字鋪洪武元年建　極樂庵坐落岱字鋪弘治年間建　中所庵坐落秦字鋪洪武元年建　前所庵坐落稷字鋪洪武年間建　獅子窟庵坐落稷字鋪洪武年間建　後所庵坐落熟字鋪洪武年間建　城隍廟坐落魏字鋪洪武年間建　土地廟坐落赤字鋪洪武年間建　廟耳山真武祖師殿坐落庶字鋪自先朝建立　祖師廟坐落宗字鋪弘治年間建　水府廟坐落岱字鋪弘治年間建　東嶽廟坐落禪字鋪永樂年間建　火星廟坐落法字鋪景泰年間建　晏公廟坐落青字鋪天順七年建　五顯廟坐落州字鋪洪武十四年建　雙忠祠坐落牧字鋪自唐朝建立　天妃祠坐落用字鋪正統元年建　佑聖祠坐落軍字鋪成化年間建　玄帝廟坐落宣字鋪唐時建　古石城祠坐落田字鋪洪武年間建　天妃祠坐落主字鋪永樂五年建　五顯祠坐落宗字鋪弘治四

建年

鄉約

第一所在全真堂　第二所在吉祥寺

第三所在金陵寺　第四所在古槐庵

第五所在普惠寺　第六所在清江厰

第七所在濟川衛　第八所在佑聖祠

第九所在黄船厰　第十所在静海寺

北城察院職掌

本城事宜

按北城事體簡於中西東三城稍繁於南城者以其風俗較之差覺强勁也其地方則比各城最為曠濶城内依山瀕湖城外背城面江凡人烟稠密之處十居二三地境靜僻之處十居八九且遠跨江北浦子口池河等處地方皆隸焉凡遇有人命賊盗重大事情該令守禦官移文報知巡視御史以聽詳行

本城員役

本院項下
隨差書手一名無工食
承印吏一名
看公署門子一名
把門弓兵一名以上三名各工食錢三千九百六十文
燈籠夫四名每年工食錢一萬四千四百文俱在本城房號内支領
聽事弓兵二名每年工食銀八兩五錢在於南京兵部職方司支領

本城兵馬司
正兵馬一員　副兵馬一員　吏目一員
禮兵二房司吏一名經承撥派本城及各衙門公
差弓兵收支操院鹽政抽分九庫察院禮科兵
科九庫京營科紙贖銀兩
吏刑二房典吏一名管理獄禁囚犯早起晚鎖收
支上江下江察院京營京倉察院吏科刑科紙
贖銀兩
戶工二房典吏一名徵收戶部江西司鈔銀三十
五兩八錢二分七厘二毫收支屯田鳳陽倉察

院總督部院户科工科黄冊科工部抽分蘆政

紙贖銀兩

書手正兵馬員下八名副兵馬吏目員下各四名

撥船差造卯簿書手一名寫監簿書手一名俱

無工食編定房號總書一名庫書二名工食每

名七千九百二十文

庫子二名每名工食錢一萬一千文

看堂夫五名看監夫五名每名工食錢三千六百

文

巡夫燈籠夫共十二名每名工食錢三千六百文

總甲共一百二十七名工食不等
火夫共三百二十名每名工食錢三千六百文
門子共四名每名工食錢三千九百六十文
以上俱於房號錢内支給
弓兵五十五名内工部取去四名看閘頭牌十八名二牌十八名五牌十五名内撥看監三名直堂六名三月一換日夜巡一十五名各照該管地方輪流挨差均撥五日一換每名工食銀八兩五錢俱於兵部職方司給領

巡邏營

坐營官一員管五城地方

頭班把總一員　衛總二員

管隊軍十一名　海巡馬軍十五名

二班把總一員　衛總二員

管隊軍十一名　海巡馬軍十五名

金吾神策府軍三營

頭班衛總一員

標把一百二十九把每把步軍二名共軍二百五十八名内有掣出看守公宅軍人數名各把有一名者有全無者

金吾神策府軍三營

每營每把防守軍二十名

池河守禦統轄飛熊等三衛

典吏二員　軍牢二十四名係飛熊等衛餘丁

飛熊衛

掌印指揮一員

左右僉書指揮二員

管屯指揮一員　經歷一員

廣武衛

掌印指揮一員

督同左右僉書指揮二員　經歷一員

英武衛

掌印指揮一員

左右僉書指揮二員

管屯指揮一員　經歷一員

錢糧

房鈔銀查本城房鈔共五萬九千七百一十二貫每

貫折銀六毫共該折銀三十五兩八錢二分七厘

二毫奉　祖制額設徵進京宫用本鈔係民住房

屋上納每民房一間置　皇牌一面公匣收貯内

庫每月十六日五牌吏目同經收該吏赴内府掌
房科並户科衙門註銷前項鈔錢四季徵收令各
總甲催納每季終填簿該吏親賫赴户部江西司
查比其鈔銀四季解交本部銀庫並無存留
門攤銀該户部督税分司每年六七月内牌發本城
五牌清查本城門攤開張鋪面實在人户六百三
十五户每户徵銀三分三厘共計銀二十兩零九
錢五分五厘冬季徵完呈報督税分司給印信手
本赴户部銀庫交納取庫收呈繳並無存留
披廈租銀本城居民有起蓋披廈人户舊規自具狀

赴工部街道分司告明勘准陞租給單本戶納租多寡不等計六百零三戶共租銀二百三十五兩一錢其租每年俱本部親僉租長催各戶赴節慎庫投納係本部親行親比本城毫不經徵

龍江驛應付廩給口糧每日不等逐月二次揭報巡城察院巡城察院朔望二次具揭報堂其錢糧該驛於應天府支領銷算

本城房號錢支用款數詳排門冊內

排門冊原額徵錢三百三十二萬五千四百九十一文

見徵錢三百三十三萬零三百二十文

輿地

一本城兵馬司爲中央

正東司左豹韜左衛綢巾市紡字鋪　四牌樓煌字鋪　神策衛特字鋪　府軍後衛市字鋪絳字鋪讀字鋪葉字鋪　十廟西門口霄字鋪

以上俱副兵馬分管地方

金吾後衛近字鋪林字鋪　英靈坊貌字鋪

國子監牌坊嘉字鋪　東倉巷昭字鋪兩字鋪

南倉巷勉字鋪其字鋪猷字鋪幸字鋪寵字鋪增

字舖臯字舖組字舖　通賢橋見字舖居字舖
四十八衛求字東西舖　竹橋古字舖
以上各舖副兵馬管春秋二季吏目管夏冬
二季本地方接中城旗手衛事字舖止
東南司前左豹韜左衛銀字舖燭字舖　府軍左
衛四牌樓親字舖　府軍後衛獅子橋凌字舖運
字舖　中館馹翫字舖
以上俱副兵馬分管地方
府軍右衛鐘鼓樓委字舖條字舖早字舖翠字舖
梧字舖　唱經樓渠字舖招字舖奏字舖謝字舖

歡字鋪
以上俱吏目分管地方
金吾後衛蓮花橋省字鋪　北門橋誰字鋪止
以上俱副兵馬分管地方
正南司前網巾市起巷豹韜左衛紈字鋪　府軍
左衛青石橋攸字鋪易字鋪舊字鋪滄字鋪充字
鋪具字鋪適字鋪　獅子橋内許椽吏巷口飽字
鋪寓字鋪囊字鋪
以上俱副兵馬分管地方
府軍右衛驢子巷内晚字鋪莽字鋪的字鋪欣字

金陵叢書

鋪　鷹揚倉橋根字鋪陳字鋪止

以上俱吏目分管本地方接西城鷹揚衛稷字鋪止

西南司前右巷内興武衛藍字鋪　和惠街弦字鋪

以上俱吏目分管本地方接西城天策衛庶字鋪止

正西司右龍驤衛夕字鋪　興武衛井亭象字鋪悅字鋪接字鋪舉字鋪　留守中衛李花橋射字鋪　六坊街琴字鋪嘯字鋪阮字鋪

以上俱吏目分管本地方接西城龍江左衛

南字鋪止

西北司右井亭興武衛歌字鋪讌字鋪足字鋪

廣陽衛魚橋祭字鋪且字鋪康字鋪祀字鋪後字

鋪　留守中衛獲字鋪布字鋪　金川門外曦字

鋪暉字鋪

以上俱吏目分管地方

外金川門外龍江關望江樓鏇字鋪環字鋪　復

成橋指字鋪　通江橋照字鋪自鏇子鋪起俱面

江　臨山橋修字鋪後負山前面江

以上俱副兵馬分管地方

龍江右衛皆字鋪係吏目分管本地方接本城曦

字號祭江壇止

正北司後豹韜左衛煒字鋪扇字鋪

以上係副兵馬分管地方

江陰衛稽字鋪箋字鋪蒸字鋪　菜市口再字鋪

普緣寺要字鋪　江陰倉前牒字鋪　留守中

衛驤字鋪　神策門外鎮南衛妍字鋪年字鋪每

字鋪　張王廟催字鋪　龍江右衛紅廟妙字鋪

以上俱吏目分管地方

神策門外東邊紙字舖　三塔寺後恬字舖筆字舖自紙字舖起俱瀕湖　十字街巧字舖三舖四舖　賣糕橋鈞字舖　老軍營任字舖　龍江右衛施字舖利字舖　留守後衛老軍營出觀音門外燕子磯祐字舖　鰣魚廠永字舖吉字舖

以上惟施利二舖係吏目管餘俱副兵馬管

本地方接東南界止

東北司左豹韜左衛巾字舖　龍驤衛畫字舖

神策衛審字舖詳字舖執字舖願字舖

以上副兵馬管

留守中衛高樓門鷄籠山超字鋪　係吏目管

金吾後衛衛土橋遥字鋪　覆舟山慮字鋪　都

堂巷口尋字鋪　將軍廟論字鋪

以上副兵馬管春秋二季吏目管夏冬二季

本地方接東城界止

浦子口東門外至末鄉關與六合縣連界南門外臨

大江江之南為京都外城通金川佛寍上元觀音

等四門西門外至江淮衛地方與江浦縣相參管

轄北門外至定山後路通全椒來安等處

池口鎮係東西直街正東至嘉山集與來安縣連界

正南至關山與滁州連界正西至桑家澗與定遠縣連界正北至紅心驛與臨淮縣連界地方

境內廨宇

公署上江察院　南城察院俱金吾後衛處字舖　屯田察院金吾後衛古子舖　國子監金吾後衛嘉字舖　講院金吾後衛貌字舖　督儲公署內住戶部高平江陰二差分司　巡邏把總廳俱府軍後衛覩字舖　北城兵馬司豹韜左衛紡字舖　後湖廳神策門外筆字舖　鰣魚廠　氷窖俱觀音門外永字舖　浦子口察院在攀龍門之內先年屯馬御史每歲春間渡江閱操駐此察院扁曰閱武行臺後因巡盬御史來浦掣盬就此駐劄遂改為鹽臺公署萬歷四十二年春屯馬陳御史刻有牌記為巡屯行署　戶部公署先年南京戶部主事一月一次渡江放糧

暫為公館至正統間題設主事一員專管駐劄守禦公署舊在城南正德年間沿江一帶城垣崩坍入江隆慶元年遷于鳳凰山之陽左右為兩哨公署舊江浦縣址洪武九年建江浦縣于浦口城內二十四年改闢鳳山隸應天為畿縣池河守禦公署在本鎮東街設自嘉靖十三年因本鎮空僻盗不時生發南京兵部題設守禦一員駐劄

本院各道私署寒字號　盈字號　昃字號　來字號　辰字併宿字號俱金吾後衛尋字舖　張字號　暑字併往字號俱金吾後衛論字舖　秋字號金吾後衛古字舖

各衙門私署光祿寺右堂金吾後衛尋字舖　國子監兩廂典簿廳俱金吾後衛貌字舖　刑部各司五所俱金吾後衛尋字舖

衛府軍後衛　驍騎右衛　府軍左衛　興武衛

天策衛俱金吾後衛求字東鋪　留守右衛　留守中衛　龍驤衛　鷹揚衛　神策衛　水軍左衛　水軍右衛　廣洋衛　江陰衛俱求字西鋪　浦子口應天衛洪武四年設　龍虎衛洪武九年設　武德衛洪武十一年設　橫海衛洪武十一年設以上俱坐落城内　和陽衛洪武十一年設惟此衛坐落城外　池河飛熊衛在本鎮東街後設自國初離定遠縣五十里後因本地遍正統八年本衛指揮陳恂奏遷于本鎮東街赤砂崗下離定遠縣六十里　廣武衛在本衛中街離鎮四十五里設自洪武十四年　英武衛在烏雲山下係東平侯故宅嘉靖年遭回祿焚燒萬歷二十九年建衛

倉　府軍左衛東倉府軍右衛委字鋪看守人夫十五名　府軍左衛西倉府軍右衛的字鋪看守人夫九名　府軍右衛西倉府軍左衛易字鋪看守人夫十

五名興武衛南倉本衛識字鋪看守人夫十二名興武衛北倉本衛足字
鋪看守人夫十五名江陰衛倉本衛牒字鋪看守人夫十八名廣洋衛倉本衛
康字鋪看守人夫十七名留守中衛倉本衛射字鋪看守人夫十五名以上見
存人夫工食俱本北城庫錢支　龍驤倉本衛晝字鋪
府軍右衛倉東本衛萘字鋪神策衛倉本衛詳字鋪府軍後衛
倉本衛絳字鋪以上四倉俱隆慶四年戶部奉革召種
納租　金吾後衛南倉本衛組字鋪金吾後衛東倉本衛
嘉字鋪金吾後衛西倉本衛林字鋪以上三倉俱萬歷十
九年革折召種納租　軍儲倉金川門裏興武衛足字鋪今革
折召種納租　浦子口應天衛倉在戶部公署之右橫海

衛倉在戶部公署之右　龍虎衛倉在該衛地方　和陽衛倉　武德衛倉以上二倉僅存遺址　池河飛熊倉在飛熊衛之右設自國朝　廣武倉在本衛迤西四十五里設自洪武十四年　英武倉即英武衛在烏雲山下離鎮四十里係東平侯故宅嘉靖年間回祿焚毀至萬歷初年建

教場營地　小教場營國初建　金吾營俱金吾後衛遂字鋪　神策營本衛執字鋪　府軍營本衛翫字鋪以上三營俱萬歷三十八年建　陸兵營金川門外曦字鋪萬歷十九年建　御馬監　火藥局俱小教場內　浦子口營教場坐落西門外和陽衛地方計八十九畝二分　善安營在浦城東門外十里許為浦左翼　閒山營在浦城後為浦肩背　杏花營在烏江地方為浦右翼以上三屯營轄于守禦遇警聽調應援每年春月屯馬御史按臨閱操　射圃坐落武德衛地方計

十五畝先因浦子口營地勢卑下夏月江潮泛漲不便操練隆慶六年守禦官趙珊詳允將教場隙地與佃戶高月等對換遇本營水渰之日將各隊調入射圃演習

池河新營教場坐落本鎮西山溝橋地方週圍計八百餘步營房在守禦公署後設自萬歷四十八年計瓦房三十七間選鋒軍士團練于此

鎗鋒舖屯營坐落池河鎮東二里係飛熊衛屯種軍人操練

平塘沖屯營坐落廣武衛東二里係本衛屯種軍人操煉

崇家舖屯營坐落英武衛東十五里係本衛屯種軍人操煉以上三營俱屬守禦統轄因隔江窵遠每春月屯馬御史委官點閱

射圃坐落本鎮東街赤砂崗北原係飛雄衛草場廢後廢改為射圃計十五畝

驛遞巡司

龍江驛國初建環宇舖

南京戶部鹽倉上元門臨山橋

應天府石灰山關國初建上元門外

瓜埠巡檢司係六合縣屬坐

落爪埠河岸離六合縣二十五里司前舊水關水面繫以鎖索竹纜朝夕啓閉今廢有爪埠

山頂煙墩一座

草場金川門馬草場（金川門外錦衣衛暉字舖）

鐘鼓樓鼓樓（坐落委字舖地方洪武十五年建本樓上大鼓二面小鼓二十四面雲板一面點鐘一面牙杖四根壺房銅缸一座三根晝角二十四枝接王選妃迎送詔書章等用）表

鐘樓（坐落坐字舖地方洪武十五年建本樓上懸鳴鐘一口洪武二十四年四月二十日鑄造立鐘一口在於樓前洪武二十五年十二月十四日造臥鐘一口坐落府軍後衛崗地方洪武二十五年十一月二十四日造）兩樓頭二兩班輪換

看守委官二員原額軍旗二百名　見今六十二名

牌坊英靈坊一座在金吾後衛貌字舖地方國子監牌坊三座在金吾後衛嘉字舖地方成賢街牌坊一座在金吾後衛皐字舖地方通賢橋牌坊一座在金吾後衛誰字舖地方督儲牌坊一座在府軍後衛戩字舖地方以上俱見存其原有牌坊而今廢者俗名三牌樓在龍驤衛藍字舖四牌樓在府軍左衛親字舖花牌樓在興武衛讌字舖單牌樓在金吾衛後貌字舖小四牌樓在金吾後衛兩字舖大市橋牌坊在興武衛舉字舖竹橋牌坊在古字舖廣洋衛牌坊四座江陰衛菜市牌坊一座以上盡廢

義塚神策門外紙字舖地方義塚三處嘉靖年間兵部尚書湛買地一塊長一十四丈濶一十三丈東至張家坟南至熊家地西至徐家坟北至施家田萬歷七年

間巡視張御史買地一塊長二十四丈闊四丈東至劉家田南至官溝西至熊家地北至走路萬曆二十年間巡視蕭御史刑部鄒員外買地一塊長一十五丈闊一十三丈東至吳家地南至吳家地西至余家地北至官街

金川門外年字鋪地方義塚三處

嘉靖年間兵部尚書湛買地三塊一塊長三十一丈闊二十四丈東至王家埂南至官街西至陳家埂北至周家田一塊長三十丈闊十七丈東至宋家埂南至水溝西至吳家埂北至走路一塊長五十丈闊十七丈東至水溝南至馬家坟西至錢家坟北至官街

墩堡磨盤山池

在河鎮南二十里山勢險要人烟曠遠南北士商往來盜賊出没天啓元年守禦欒茅衛設堡二座瓦房各三間磚石圍垣選軍防守

南北嶺

在磨盤山南五里山勢迴環盜賊淵藪天啓元年守禦欒茅衛建堡一座瓦石廳房選軍防守委官團練

城垣

内城四門每門把總二員　盤詰官六員
原額軍餘一百名
神策門　城樓一座　城鋪十五座　旗臺二座
東至後湖小門界西至金川門界通長計九百
九十五丈　垜口一千五百五十九座　西邊
方垜六十四座以鎮後湖下沙　外面甃城上
方垜口一百零八座以映北固山　本門荒僻
儀鳳門　城鋪十五座　旗臺二座　原額水洞
二座　南至定淮門界長二百二十丈垜口二
百八十座北至鍾阜門界長三百六十丈垜口

五百二十座　門左金鎖山　門右獅子山

本門衝要

金川門　城舖十七座　旗臺三座　水關三座

東至神策門界西至鍾阜門界共計長七百三

十五丈垜口共一千零五十座　本門衝要

鍾阜門　旗臺二座　水洞三座　南至金川門

界計長三百四十六丈二尺垜口五百四十座

北至儀鳳門界計長一百六十七丈八尺五寸

垜口二百一十座　本門荒僻

外城四門俱荒僻每門把總二員　盤詰官二員

外金川門　軍餘六十七名

上元門　軍餘七十六名

佛寗門　軍餘七十名

觀音門　軍餘八十名

閉塞後湖小門委官二員　軍餘十七名把守

浦子口城垣㮣自洪武四年八月至弘治十六年城

圮遣守備成國公祭江告神至正德年間南面一

帶被江潮衝嚙盡傾萬歷四十五年題　准發金

五萬四千有奇補造南面近江一帶城垣共八百

九十九丈二尺其舊城之崩壞者重修完固又於

江邊築石堤七百五十四丈八尺以禦江潮其城門先年東為滄波門西為萬峯門南為清江門北為暘谷門又南有便門共五門後清江門便門為波濤衝洗自修建後東門改為朝宗門門官二員門軍三十三名西門仍為萬峯門門官二員門軍二十五名南門改為金湯門門官三員門軍一十八名北門改為拱極門門改二員門軍二十八名又便門為廣儲門門官一員門軍二十八名廣儲之左為攀龍門門官二員門軍一十九名金湯之右為附鳳門門官一員門軍一十八名

以上共七門

山川

覆舟山在太平門內與鍾山支脉相連以狀若覆舟故名又名龍山又名龍舟山劉宋時以山臨玄武湖改玄武山陳高祖與北齊兵大戰即此舊有甘露亭瑶臺閣風亭山陰藏氷井今皆廢此

鷄鳴山在覆舟山西南北臨玄武湖舊名鷄籠山即雷次宗開館處劉宋時黑龍見玄武湖又曰龍山國朝于山巔築臺置儀表以測玄緯名觀象臺亦名欽天山左右列十廟繚以朱垣其東麓為鷄鳴寺普濟塔在焉

祇閣山在鷄籠山西舊有祇閣寺今改普緣寺

獅子山以形名在北二十里晉元帝初渡江見山嶺綿延遠接石頭以北北地盧龍故其初名盧龍山遠望松檜行列宛若狻猊雄峙都城之北聖祖嘗伏兵大破陳友亮于此山下

石灰山在西二十里王導從元帝渡江建幕府于此初名幕府山壟多石居人煆以取灰更今名北濱大江東與直瀆諸山接為建業門戶魏人至瓜步文帝登此山觀望形勢齊師至鍾山龍尾陳霸先自率麾下出幕山齊人大潰山有五峯南曰北固峽中有石洞幽邃中峯上有仙人臺虎跑泉西北峯曰

夾蘿亦名翠蘿上有達摩洞**觀音山**在觀音門外北濱大江西引幕府諸山東連臨沂衡陽諸山形如錯綉皆懸崖削壁共捍大江真天設之險也有觀音閣嵌絶壁上右有石臨瞰江水形如飛燕名曰燕子磯上有漢壽亭侯廟又有大觀亭俯江亭倚磯亭水雲亭半景亭丹崖翠壁遠望如畫**武帳山**在石灰山側即古宣武城池宋文帝嘗開晏（宴）于此勑諸子且勿食至會所日旰食未至各有饑色帝戒之曰女曹少長豐佚不見百姓艱難今使爾識有饑苦知務節儉**白土岡**在鍾山南賀若弼進兵鍾山魯廣達屯白土岡與弼旗鼓相對**玄武湖**在太平門外晉大興間創北湖築長堤以壅北山之水宋元嘉中有黑龍見改今名一名蔣陵湖一名秣陵湖一名後湖歷代相傳為勝地趙宋時廢為田元大德中僅一池　國朝復為湖以貯天下圖籍中有舊州新州龍引洲蓮萼州郭璞墓天語亭**珍珠河**在成賢街南陳後主泛舟遇雨生浮漚宮人指為珍珠因名引玄武湖水合于秦淮**青溪**吳赤烏中鑿自鍾山麓通城北以洩玄武湖水其流

九曲達于秦淮後楊吳築城斷其流今自太平門城由湖溝南流入大內西出竹橋入濠而絕又自舊內旁周遶出淮清橋皆其故跡

溝瀆

本城通江水溝二道

自西南四連倉橋起往東北一帶由青石橋虹橋壽安橋斜橋雍家橋廣福橋至大市橋往金川門左邊城腳下大水洞川出裏城由欛砲橋三所庵橋至外金川門城腳下水洞川出外城往復成橋非大中橋北之復成橋直入大江

正南鼓樓府軍左衛高倉起由中館驛前後往獅

子橋過東由葉家橋慈善橋龍驤橋花家橋土橋
楊家橋張家橋馬家橋將軍橋馮家橋雍家橋廣
福橋會西南溝水至大市橋由金川門水洞川出
至外金川門水洞川出亦出大江
十廟南有進香河一道直通北門橋秦淮河止年
久淤塞兩岸居民侵占造房至萬歷三十四年奉
操江都察院丁　踏勘將侵占房屋盡行折去用
工逐一開挖成河立有石碑二座嚴禁不許居民
阻塞
津渡

北城金川門外旋子鋪地方沿河一帶至觀音門燕子磯舊有渡船俱係本城納料船戶裝送往來過江之人又有朱家嘴亦係江渡俱在冊船隻裝送過江故無工食萬歷四十八年傅御史查將渡船派為上中下三號觀音門燕子磯有上字號船戶三十三名中字號船戶二十八名朱家嘴船戶七名上號船止許裝人貨四十名中號三十名下號二十名每名止許取討船錢四文永為例渡頭豎立旗竿上懸遇風止渡旗一面船厰釘立鐵圈鐵索一遇暴風扯旗鳴鑼止渡

橋梁

竹橋一通大內一通古城濠跨青溪過軍橋以上在古字鋪珍珠橋跨珍珠橋在居字鋪通賢橋成賢街北門橋南唐之北門古清化寺市橋宋名勝武以上在誰字鋪嚴家橋在竈字鋪蓮花橋在省字鋪大石橋在幸字鋪西倉橋在林字鋪新建橋在貌字鋪小板橋在增字鋪以上俱係金吾後衛地方宣家橋蕭家橋以上在易字鋪青石橋在攸字鋪以上俱係府軍左衛四連倉傍地方虹橋在紈字鋪係豹韜左衛地方壽安橋斜橋俱在夕字鋪係龍驤衛地方魚橋雍家橋俱在祭字鋪係廣洋衛地方廣福橋在歌字鋪大石橋在舉字鋪以上俱係興武衛地方迴龍橋周字鋪以上在暉字鋪攩砲橋在曦字鋪以上俱係金川門外地方復成橋在指字鋪通江橋在照字鋪臨山橋

在修字鋪以上俱係外金川門外地方　進鮮橋　寒橋俱在祐字鋪係觀音門外地方

獅子橋　葉家橋俱在凌字鋪係府軍後衛地方　慈善橋在特字鋪係神策衛地方

龍驤橋在畫字鋪係龍驤衛地方　花家橋　土橋俱在稽字鋪係江陰衛地方

楊家橋　張家橋俱在且字鋪　馬家橋　將軍橋俱在祭字鋪

馮家橋在後字鋪以上係廣洋衛地方

古蹟

寶誌公塔在雞鳴寺內　施食臺在雞鳴寺內　憑虛閣在雞鳴寺內

望江樓嘉靖四十年奉兵部改為閱兵臺坐落龍江關旋字鋪地方　魚鞘亭坐落十廟內有碑文成化六年建　觀象臺坐落欽天山洪武初年建　蒼雲閣在嘉善寺內

達摩洞在幕府山　僊人臺在幕府山　虎跑泉在幕府山　五馬

渡在幕府山梁武帝石牀石榻在幕府寺化龍亭在幕府寺閱江
樓址在盧龍山頂擬建不果燕子磯在觀音門外諸山環列大江橫亘于左磯形如飛燕
故名之俯江亭在燕子磯上大觀亭在燕子磯上倚磯亭在燕子磯
上四簷修竹一面芙蓉水雲亭在燕子磯之絕嶺四面皆水雲以為匾半景亭
在燕子磯上古井亭一在鷄鳴寺秘密關前一在三牌樓藍字鋪地方二在神策門外東
西二井亭嘉山寨係英武衛地方宋孟良舊跡見存藕塘鎮係飛熊衛地方楊沂
中大捷於此帝王廟祀歷代帝王祭酒宋訥撰碑北極真武廟祀北極玄
天上帝宋訥撰碑都城隍廟贊善劉三吾撰碑祠山廣惠廟宋訥撰碑
五顯靈順廟宋訥撰碑蔣忠烈廟祀漢秣陵尉蔣忠烈公劉三吾撰碑壽
亭侯廟祀關帝温陽撰碑卞忠貞廟祀晉忠臣成陽卞忠貞公劉三吾撰碑

劉忠肅王廟祀南唐忠臣清淮節度劉越王黄子澄撰碑衛國忠肅公廟祀元衛國福忠肅公宋訥撰碑功臣廟無碑文以上十二廟俱洪武二十年間建坐落欽天山之陽普濟禪師廟在鷄鳴寺洪武二十年建即寶誌公殿有碑文施食臺記

鷄鳴寺晉永康建國初敕賜有碑文二座坐落鷄鳴山金吾後衛地方

普緣寺舊名祇園寺成化十八年敕改普緣寺坐落江陰衛地方

三塔寺永樂十四年敕賜有碑文坐落神策門外筆字舖地方

嘉善寺古跡一線天正統八年敕賜有碑文坐落神策門外留守後衛地方

妙泰寺洪武初年敕賜有金字牌無碑坐落神策門外龍江右衛地方

崇化寺古蹟梅花水正統九年敕賜有碑文坐落神策門外留守後衛老軍營地方

幕府寺晉元帝時為幕府後改名為聖遊寺又改為秀巖院又改為寶林寺萬歷癸卯重修有碑文坐落神策門外留守後衛老軍營地方

弘濟寺正統初敕賜有碑文坐落觀音門外臨江地方

清

真寺梁大通元年置舊名清玄寺成化年敕賜改為清真寺坐落觀音門外永字鋪地方

梵惠寺

觀音寺天順二年敕賜有碑文坐落觀音門外永字鋪地方

回龍殿國初原名唱經堂永樂元年敕賜改名回龍殿無碑文坐落金川門外驛字鋪地方

唱經樓永樂年敕賜嘉靖年碑文坐落府軍右衛早字鋪地方

文昌閣萬歷四十三年國子監建坐落遥字鋪地方

水塘庵嘉靖十一年敕坐落貌字鋪地方

集賢庵萬歷三十年敕坐落嘉字鋪地方

西樂庵萬歷三十二年敕坐落求字西鋪地方

觀音庵嘉靖三十年敕坐落處字鋪地方以上俱係金吾後衛

寶慶菴萬歷十五年敕坐落條字鋪地方

觀音庵萬歷四十四年敕坐落條字鋪地方

大隱菴嘉靖四十四年敕坐落陳字鋪地方

雙松庵洪武初年敕坐落陳字鋪地方

不二菴新敕坐落觀字號地方

地藏菴萬歷三十年敕坐落羣字鋪地方

新庵萬歷十六年敕坐落莽字鋪地

方寂靜菴萬歷三十七年剏坐落晚字鋪地方尼僧庵新建坐落晚字鋪地方以上俱係府軍右衛觀音庵萬歷四十五年剏坐落葉字鋪地方彌勒庵嘉靖四十三年剏坐落克字鋪地方水齋菴萬歷二十四年剏坐落凌字鋪地方土地廟新剏坐落滄字鋪地方獅子林萬歷四十七年奉禮部建坐落飽字鋪地方以上俱係府軍左衛尼僧菴萬歷三十一年剏坐落紡字鋪地方係豹韜左衛五顯廟二座俱新剏一坐落畫字鋪地方一坐落藍字鋪地方係龍驤衛五顯庵隆慶元年剏坐落歌字鋪地方三官堂國初剏坐落接字鋪地方余家菴新剏坐落足字鋪地方林家觀音庵新剏坐落足字鋪地方以上俱係興武衛五顯廟洪武年剏坐落且字鋪地方水仙堂成化初年剏坐落祀字鋪地方盛家庵萬歷十年剏內坐住女僧坐落祀字鋪地方以上俱係廣洋衛圓通菴洪武二十年剏坐落蓌字鋪地方係江陰衛

觀音庵嘉靖年剏坐落詳字鋪地方慈善庵萬歷十五年剏坐落願字鋪地方以上神策衛水月庵觀音庵以上二庵新剏俱坐落超字鋪地方普惠庵嘉靖四年剏龍淵庵嘉靖二十一年剏以上二庵俱坐落驤字鋪地方觀音庵王家庵紅廟以上三庵剏造年久俱坐落布字鋪地方乾露庵陶家庵以上二庵新剏俱坐落獲字鋪地方觀音庵新剏內住女僧坐落射字鋪地方太尉廟剏久坐落阮字鋪地方五顯廟天王廟以上二廟新剏無僧住俱坐落嘯字鋪地方以上各庵係留守中衛頭所庵二所庵三所庵四所庵五所庵以上五庵俱本坊民剏立係年久坐落暉字鋪地方係本衛徵祖公所觀音庵萬歷四年剏新庵嘉靖四年剏俱坐落曦字鋪地方以上係錦衣衛畸零金川門外紅廟剏久三賢祠萬歷十二年剏坐落妙字鋪地方頭

百庵　三塔庵　伍百庵以上三菴俱掫年久坐落皆字舖地方本衛官

徽祖所以上係龍江右衛　鉄鼓廟內有鉄鼓一面上鑄正德年號原住道士今僧　東嶽

廟嘉靖三年掫坐落年字舖地方以上係鎮南衛　祠山廟宋時造有石爐上有年號係盧

龍觀下院在府軍衛老軍營　晏公廟洪熙年建坐落指字舖地方係外金川門外　吳

家廟　邵家廟俱嘉靖年掫住女僧　土地廟掫久係留守後衛老軍營　蕭

公廟成化十八年立有碑記坐落吉字舖地方係觀音門外　長生館萬歷四十五年

修撰焦竑建坐落筆字舖地方瀋陽左衛

壇社

社稷壇坐落外金川門裏曦字舖地方國初建　鬼神壇坐落神策門外妙字舖地方

祭江壇坐落外金川門外國初建本壇遇太監選婚親王行幸出師于此祭江後于隆慶等

年倒廢其地基於萬歷三年太常寺召入開種納租

鄉約

第一所在功臣廟　第二所在城隍廟

第三所在西樂庵　第四所在關王廟

第五所在寂靜庵

第六所在府軍後衛巡邏把總廳

第七所在府軍左衛彌勒庵

第八所在西城附近金陵寺

第九所在興武衛紅廟　第十所在普緣寺

第十一所在神策營　第十二所在盧龍觀

第十三所在三塔寺　第十四所在華光廟
第十五所在龍江驛　第十六所在清江道院
浦子口鄉約所五處
池河鎮鄉約所三處
一在本鎮赤砂崗梓潼觀
一在廣武衛祠山廟
一在英武衛黄連鋪關王廟

南京五城察院職掌志卷之下終

金陵全書

乙編·史料類

明南京車駕司職掌

（明）祁承㸁 編

南京出版社
南京出版傳媒集團

提　要

《明南京車駕司職掌》三卷，明祁承㸁編。

祁承㸁（一五六三—一六二八），字爾光，號夷度，又號曠翁，紹興山陰人，明末名臣祁彪佳之父。據雍正《浙江通志》卷一三三、一四〇記載，他于萬曆二十八年（一六〇〇）中舉，萬曆三十二年中進士，官至南京兵部郎中、布政司參政，是明代著名藏書家、目録學家，一生勤于著述，所輯著的典籍包括《諸史藝文抄》三十卷、《澹生堂藏書目》八卷、《牧津》四十四卷、《國朝徵信叢録》二百一十二卷、《兩浙著作考》十卷、《詞臣恭題聖製集録》二卷、《澹生堂餘苑》六百零四卷、《淡生堂集》六卷。

祁承㸁之一生宦跡，似以清人王鐸《江西右參政夷度祁公墓碑》所述最詳：『令寧國，調長洲。又南刑曹，又車駕司主事，職方司副郎。守吉安，倅沂州，又守宿州。又職方司副郎，又職方郎中。又南臬僉，又晉少參，尋為江西右參政。』清人朱彝尊《靜志居詩話》卷十七記載相對明晰：『萬曆甲辰進士，授寧陽知縣，調長洲。遷南刑部主事轉兵部，歷員外、郎中。出知吉安府，京察謫沂州同知，稍遷宿州知州。入為兵部員外，歷河南按察僉事、副使、江西右參政。』祁承㸁為人正直，任地方官時關心百姓疾苦，也曾不止一次受到舉薦。但他的優長是收藏圖書和著述，未必工于官場逢迎，因而仕途波折。

明代車駕司為定制後的兵部四司之一。據《明太祖實録》記載，洪武元年（一三六八）八月丁丑，于中書省下設立六部。洪武五年六月癸巳，定六部職掌，其中兵部之下設立總部、職方和駕部，以駕部『掌鹵簿、馬政、車輅、驛傳、兵器』。洪武十三年三月戊申，在廢中書省之後擴充六部，兵部在原來下屬三部的基礎上增加了庫部。洪武二十二年二月丙辰，改兵部總部為司馬部。洪武二十九年八月庚戌，兵部等六部的下屬機構改名，兵部之下設武選、車駕、武庫和職方四清吏司。據《南樞志》卷三十三《官制部六》，建文帝在位期間一度將四司除去『清吏』二字，永樂帝即位初又恢復洪武舊制。

在永樂十八年（一四二〇）遷都北京之前，永樂帝曾巡狩北京，巡狩期間于北京設立了行在兵部，車駕司也設官在北京辦公。永樂十八年下令遷都北京，雖然此後北京是否稱行在曾一度搖擺，但因為皇帝和皇宮在北京，意味著北京的兵部即為國家兵部，而南京兵部及下屬車駕司實際地位無法同北京相比。至正統六年（一四四一）『南北局定而南京兵部始專司畿內』，即南京兵部主要負責南京地區。

祁承㸁纂補《明南京車駕司職掌》，是在他第一次任職南京兵部期間的萬曆四十三年（一六一五），時任車駕司署郎中事主事，即以主事代理郎中掌管南京兵部車駕司。在祁承㸁之前，本司職掌已有萬曆三十四年版本。至萬曆四十三年，祁承㸁上請南京兵部堂上官，請求將萬曆三十四年以後『奉有欽依或屢次條陳而奉有堂允』事例，『接續纂補』。請示獲得批准，而且南京兵部令『速行各司，照此各去接續纂補』。

除祁編南京車駕司職掌外，明人俞汝為也有《南京兵部車駕司職掌》八卷。俞汝為，隆慶五年（一五七一）進士，做過地方官及南京兵部員外、郎中。雖然他中進士時間遠早于祁承㸁，但任職于南京兵部的時間尚待考證。孟森在祁編《明南京車駕司職掌》跋中稱：『二書有關，俞書在前，祁書在後，似分卷方法不同，因而俞書卷多。』關于俞汝為任職南京兵部的時間這一問題，明人何三畏《雲間志略》卷廿一透露了一絲線索，提到俞汝為任職南京兵部『時值留樞脫巾鼓噪之後』。惜此線索過于籠統，尚有待進一步考證。

《明南京車駕司職掌》首列該司呈堂請示和堂批内容，表明纂補緣起。正文分三卷述南京兵部車駕司職掌。第一卷分為都吏科和遞發科兩部分，都吏科記載南京馬、快船運送上貢北京物品及長江渡口擺渡船管理事宜；遞發科主要内容為南京外出公差人員的勘合等給發之規定。第二卷分馬政科、會同科、力士科三部分，分别涉及南京騎操馬、驛站、南京力士選補及南京城（包括皇城）守衛方面的制度。第三卷草場科，記載有關南京衛所牧馬草場出租銀等方面奏准或堂（南京兵部）允事例。

本書雖首列萬曆四十三年南京兵部車駕司呈堂（當指南京兵部堂上官）及堂批説明，但正文事例也包括天啟乃至崇禎朝，説明萬曆四十三年之後該書又有他人增補。

《明南京車駕司職掌》有一九三四年商務印書館繁體豎排版。《金陵全書》收録的《明南京車駕司職掌》即以一九三四年商務印書館本為底本影印出版。原版芯尺寸為横長一〇五毫米，縱高一四八毫米，現擴為横長一二〇毫米，縱高一七〇毫米。

肖立軍

祁承㸁編

國立北京大學研究院
文史叢刊第三種

明南京車駕司職掌

商務印書館發行

南京兵部車駕淸吏司爲
修明職掌以肅輿政事照得車駕一司事務浩繁巨者如貢舫馬政之出入細者如竹頭木屑之關支郵符請給不時丁役告補無定在前者固有令甲之可遵即今日亦惟往例之是執但職查本司職掌刻於萬曆三十四年至今已十載歷年之條議日備日增而畫一之成規或彼或此爲吏胥者故令頭緒多端在當事者遂致從違莫適職之愚見以爲事必遡流而窮源法始合同而歸一合無將三十四年以後凡係船政馬政草場之事或節經
題請而奉有
欽依或屢次條陳而奉有
堂允照依款目續補于後庶幾可按籍而一覽周知何必至臨事而躊躇四顧若在事者既可據以爲章程即初至者亦可獻以爲忠告其於輿政所關不淺謹會同本司署
員外郎事主事王
揭呈

堂伏乞批示纂補施行奉

堂批萬曆三十四年以後該司事宜准照款目接續纂補乃政體斷不容已者如議速行各司照此各去接續纂補庶見大同之誼奉此除遵依移付各司知會外該職見署船政分司會同馬政分司帶管草場分司王員外備將三十四年以後見行事宜未入職掌者逐項逐款删其繁詞節其大略務令簡明可以確守開列一册奉呈

台裁其條件之首必列年月者所以表建議於何年識奉行於何日一展卷而可考也其每款之必著其姓名者所以別後先之建白彼此之修明人各存其議也其每議之必載以

堂批者所以彰裁斷之有定須行之有自權務統于　尊也總之如乘屋者有補緝而無更易如烹飪者以斟酌而爲調劑要令絲棼緒亂之途一歸整齊畫一之內此職等纂續之愚衷也至于舊刊職掌仍用堅白好紙俱以印鈐本司每署各存其一或後日吏書欲妄上行私託言舊例更改者卽取原存舊册兩相比對自無所容其欺隱矣相應會同具揭回覆伏乞

批示刊入職掌永遠遵行奉
堂批准刊入職掌
萬曆四十三年閏八月　日

署郎中事主事祁承㸁
署員外郎事主事王志堅
船政　主事趙昌朝

目錄

一卷

卷二

三卷

明南京車駕司職掌一卷

都吏科

說　堂事宜

一萬曆四十年六月初一日本司郎中孟習孔議得本司勘合撥船支放等事一禀節年舊例而往時惟載於說　堂浮帖曾無年月及司官姓名亦無印信爲據倘有差錯誰任其咎合自六月初一日起本司說　堂揭帖浮帖俱書年月及註司官姓名於年月之下司官自花押於姓名之下仍用印信以防私換似可以絕吏書之弊而爲後來之實據奉

堂批南京各衙門與各私衙相去甚遠非但堂司官會面稀闊卽供事各人役又皆散處幾里內一時拘喚不得就見凡百文移且據一浮票正恐中間弊端易生

該司揭稱種種詳明關防周悉准於六月初一日爲始傳示各吏書一一遵守新規不得違玩沿習舊套取罪仍移文知會各司一體行事毋誤

一萬曆四十三年七月二十一日本司郎中祁承㸁議得車駕一司事關帑藏本司所憑者惟各司之付文而庫中所憑者惟　大堂之劄付則必使付文與說　堂及劄庫之案黏連於一處而始可以防濫出之弊今後合無將各司之付用司印鈐縫說　堂之帖用　堂印鈐縫黏於劄案之內則始末皆了然可考而錢糧自然肅清矣奉

堂批每舉一事各司展轉文移俱聚集黏連成爲一卷仍鈐印以防遺失該司偶欲有所稽考併候查盤取卷一覽而事情盡知此簡明法也如議自後永遠遵行今以本年六月二十一日爲始

一駕司說

堂事件最繁每日不下數十起向無總記册籍難以查考今特立說　堂文簿二扇其一應支給錢糧爲一簿其一應取討船隻勘合并移咨案呈爲一簿凡說帖

用印之後即轉承行書手逐件登記明白候說　堂批行後復逐號對同轉發各
承行永爲定規

聽守船隻

洪武初令錦衣等衛各置風快船隻撥軍撑駕湖廣江西并直隸沿江州縣自置
馬船選慣熟水夫撑駕以備征進既建北京遂爲貢舫

一正統元年四月欽奉
勑諭令馬快船隻俱在南京北京要用急切難到勑至爾等將馬快船隻編排輪流每五
十隻爲一次令來北京聽用半年一換有官物差撥裝運駕船官軍合用口糧令於南
京官倉一發關領帶來食用

一正統六年令該班馬快船前班以四月初到後班以十月初到續奉兵部咨開聽
守船隻上半年以三月初一日爲始至本年八月終下半年九月初一日爲始至

次年二月終各半年爲滿更替

一凡馬快船應撥通州聽候者江淮濟川二衛輪流委官給精微批管送 會典

一萬曆十六年本部議咨兵部以後聽守長差船隻以龍衣藕鮮等差撥爲長差各甲管運錢糧陸續赴部投到將本部改給勘合塡註投部以到日爲始照舊聽守六個月務令滿足方許回南不用差官管押并移文兵禮二科知會精微批文停止

年例守候長差

春龍衣船七隻　春藕鮮船二隻　種姜芋苗船二隻

頭起畫匣船四隻　二起畫匣船四隻　制帛船三隻

荸薺船一隻　苧布船三隻　鮮笋船四隻

菜薹船三隻　枇杷船二隻　器皿船三隻

頭起鮮魚船十八隻　貳起鮮魚船十隻　鮮魚乾船一隻

楊梅船四隻　孝陵苗薑船三隻　秋龍衣船七隻

司苑局苗薑船三隻　糟笋船一隻　花盒船四隻

竹器船五隻　秋藕鮮船二隻　紫蘇糕船一隻

以上共船九十七隻

欽取守候長差二三年一次

宫人板船十五隻　制帛船四隻　誥命船　隻

南京兵部車駕清吏司爲船政事奉

堂諭年來司帑空虛皆因預支一節實爲厲階故近議必堂劄到庫方許發銀專爲革預支計耳其移付及說堂往規原無改變蓋各司事體必彼此通透互相稽查斯奸弊無從生也近據船政司所請已案支銷雖經批發及查中間頭緒紛雜不一有已經說堂者有未經說堂者有已入案呈者有未入案呈者殊不可解豈因申明堂劄之後反生一番隔絕耶果爾弊且滋大不得不一申明該司仍會同船政及庫司將案呈說堂劄付事宜務求畫一免致參差稍有弊竇罪坐承行愼勿姑息其已案

支銷中參錯者一併覆核不妨簡舉勿泥成案可也奉此該卑司會同前任管庫主事曹應秋今任主事馮上賓船政主事徐胤昇查得小甲修船領銀近奉

堂諭必以劄到庫爲據不獨預支弊清且使奉行者因今次錢糧必有劄而後發不得不加慎重而船政移付前司與前司據付文核實說　堂無掛漏冒支前後紊越之弊眞良法也而承行者遂以春秋已案小甲應修之船有以前提修而今該找後半者有見該給先半者概謂輪案之船原無他故徑據兩衛總結一總呈

堂開銷殊昧於有開銷必有說

堂查支從來無查支與開銷并行之事也今查劄內雖有已經說　堂未經說　堂已有入案呈未入案呈之參差第不過前司難於稽查扣除五款而於船政亦無預支冒領之弊自奉　堂諭諄諄之後已於楠木一案照前例船政付文到司卑司說

堂查支而後寫劄付庫開銷做而行之遵而守之後有支銷較然畫一新規舊例爲兩得矣而扣除五款之例亦可因付文說

堂之時一一查扣不失舊額矣至於已案支銷中參錯者如江淮小甲徐守成吳光

佑許國祚夏國賓俱經提修在前今輪已年春案應找後半開銷仍歸春案如傅坤
蕭復科劉文舉袁國政程大儒曾承蔭周烱楊茂時王志路學亦經提修在前今輪
已年秋案應找支後半開銷仍歸秋案俱經覆勘明白摘出另帖説堂已蒙批准在
案已案葛藤既斬值今午案屆期不可煩告戒而事體畫一尚有躍冶而希溷者哉
除職等稽查未確致厪
堂慮理合簡舉外原奉會議事理相應具揭稟
堂奉批
　領銀必以堂劄爲據移付説堂俱照舊行其造修挨案不但分年分甲乙尤分各
季春秋該司會議已晰此後如有紊亂罪坐承行仍載入職掌以垂永久
崇禎三年二月　　初七　　日　郎中陳祖訓
主事曹應秋
馮上賓
徐胤昇

船票勘合

一凡南京各衛馬快船公差出給勘合裏河者往迴限三個月限外又過三個月小甲參問兵部留候聽差者以批迴日期扣算上江者限五十日限外過五十日者參問其小甲過半年者幷船夫軍餘參問　會典

一正統八年令馬快船該聽候半年外其餘運物到京者幷將勘合投部以聽差撥　會典

一黄馬快船出差之日各甲具有該衛印信册結赴司領銀令開具頭舵花名呈遞塡票同批一併給發

一勘合限期　擺渡及巾帽針工二局暫座者限半年　短差赴京幷湖廣承天採打鰣鱑鯽魚　孝陵磚瓦六運俱三個月　湖廣襄府及臨清俱二個月　徐州四十日　蕪湖及杭州俱一個月

一萬曆十六年本部改限勘合裏河往迴一百日回塢如違限十日者責治二十日者革一月者參問其大黃船并往上江船隻勘合照舊塡給往回限三個月違限者臨時酌處

一長差抵灣例應守候六個月多領差銀一十六兩如未聽守貪緣便差回南者查批迴日期計算每少候一日追銀一錢

差撥事例

一天順六年令馬快船進來品物惟該用冰者一船載十五杠至二十杠其餘一應供用官物酌量事之緩急物之輕重或載半船或儘船不許多撥船隻縱令作弊重勞人夫拽送 會典

一南京一應進貢該用黃馬快船先期半月行文南京兵部撥船裝運之後限五日以裏起程如停船招商攬貨許驗裝及巡城御史等官拏送法司連小甲客商俱

照例問軍貨物入官若非應捕之人捕獲者貨物給賞 會典

一弘治十三年議准凡黃船附搭客貨及夾帶私物者小甲客商人等俱問發極邊衞分永遠充軍若止是空身附搭者連小甲俱發附近充軍馬快船附搭客貨及夾帶私物者小甲客商人等俱發口外充軍貨物入官若客商人等止是空身附搭照常發落 會典

一嘉靖七年奏准南京進貢器皿務須滿載不許假以膳卓等項多分船隻因帶客貨沿途多索人夫違者聽科道撫按等官盤詰參究 會典

一隆慶二年題准南京進貢船隻虛冒數多今後內外守備并科道官務要公同詳驗廂必滿裝船必滿載其淮揚濟寧巡撫及管河管閘等衙門如遇馬快船經過即委官查驗如有私貨盡數入官照例問遣 會典

一凡撥船裝運物件行御史給事中各一員監視不許多占夫船其每年撥過船數仍咨兵部以備查考 會典

一萬曆十四年本部題准同時起運則併差一官難併者酌量撥給仍聽該部司官

監視儘船裝載陞調內官不拘是何衙門止撥馬船壹隻或身在北遺下行李查
船附載
一本部置船簿一扇發司收貯如遇各監取討船隻咨揭發司委官驗看錢糧完足
呈堂轉行船政分司差撥其黄船移文中府差撥
一銅絲鐵線棕薦紫檀等差起運
一各船報杠驗裝江濟二衛各撥委從員役聽候驗報
一每季終管船主事將撥過船隻并驗裝過廂杠各數目呈堂具本奏報
一各衙門移文取討船隻說堂後卽塡船隻數目付船政分司分司撥過船隻算扣
差銀塡入原單左方送司行衞查結造册申繳照單行庫給發差銀完日付司立
案
一大馬船隨案見修者卽隨案順撥京差一次回時挨撥江差造修各照大馬船本
等則例大約一年不過八隻
一嘉靖九年令併省南京進貢船隻着爲定例敢有假託增用害人者科道官指名

參奏

一嘉靖三十七年題准每遇額外大幫差使如先年修理

王府宮室及

欽取顏料梭薦搬運白土等項許將貯庫造修銀兩顧刷民船轃補

一嘉靖三十一年題准會同內外守備禮工二部并科道等官將南京各衙門起運品物共四千七起逐一查議某項原額若干續添若干某項相應照舊供應某項應併某項應省先論物數輕重次計用杠多寡後定船隻數目自後一應取用物料俱由該料抄出兵部咨送本部轉行各該衙門查照供應卽將議過船隻則例刻石記載永爲遵守

南京內守備八起

一起藕鮮六十簍每簍二十枝連泥共六十杠荸薺三十簍每簍四十觔連泥三十杠二項約重六十石　嘉靖九年題准用船三隻　今撥黃船一隻馬快船二隻

一起新茶一百八十觔青梅四十簍每簍二十六觔連冰共四十杠用船三隻　嘉

靖九年題准青梅免行進貢　今撥黃船一隻馬船一隻

一起枇杷三十五簍連冰裝杠共計三十五杠約重二十三石零　嘉靖九年題准用船一隻　嘉靖三十一年題准添船一隻　今撥黃船一隻馬快船二隻

一起石榴柿子梧桐子　嘉靖五年題准石榴柿子俱免進貢其梧桐子一杠併入御用監水木樨六礶計三廂一起進貢用船一隻　今撥黃船一隻

一起甘橘五十簍共二千五百觔甘蔗十簍共七百根每船約裝二十石　嘉靖九年題准用船二隻今由陸路

一起冬筍五十簍共三千觔計五十杠約裝二十二石　嘉靖九年題准用船一隻今由陸路

一起橄欖二十罈每罈十七觔共三百四十觔計十杠約裝六石六斗　嘉靖九年題准用船一隻今由陸路

一起季報四次用馬船四隻　嘉靖九年題革止給關文應付

尚膳監十一起

一起菜薹三千六百觔白菜薹一千一百二十五觔共計五十三杠約重四十三石雞鵝鴨彈共二十七罈作一十四杠并風鯽魚　嘉靖九年題准用船二隻　今撥黃船一隻馬快船三隻

一起天鵝二隻鵚老二隻鴈四十隻鵪鶉五百七十八隻風鯽魚七百八十九尾計六杠　嘉靖九年題准天鵝鵚老俱免進貢其風鯽魚併入菜薹船內

一起鮮筍四十五簍共五百觔連冰計四十五杠每船約裝七石有零　嘉靖九年題准用船一隻　今撥黃船一隻馬快船四隻

一起頭起鰣魚六百尾鮮筍二百觔連冰六十七杠每船約裝十石零　嘉靖九年題准用船五隻　萬曆十一年加添鰣魚四百尾添撥船四隻　萬曆十三年加添鰣魚三百尾添撥船三隻　萬曆二十四年加添鰣魚伍百二十尾添撥黃船一隻馬快船四隻　萬曆四十二年加添鰣魚四百三十尾添撥黃船一隻馬快船三隻今共起運二千二百五十尾共撥黃船四隻馬快船十八隻

一起二起鰣魚五百尾鮮筍二百觔連冰五十七杠每船約裝十石八斗　嘉靖九

年題准用船四隻　萬曆十二年加添鰣魚二百尾添撥船二隻　萬曆二十四年加添鰣魚五百尾添撥黃船一隻馬快船四隻　萬曆四十二年加添鰣魚一百尾添撥黃船一隻　今共起運一千三百尾共撥黃船三隻馬快船十隻

一起鰣魚乾一百尾糟鰣魚九百九十尾鰣魚子腸鮓五十二觔計四十一杠每船約裝十三石七斗有零　嘉靖九年題准用船二隻今撥黃船一隻馬船一隻

一起蜜煎櫻桃二百四十觔蜜煎脆梅九百二十八觔共計二十五杠併糟筍一千八百觔計三十三杠約重三十七石　嘉靖九年題准用船二隻　今撥黃船一隻馬船一隻

一南京工部萬曆三十七年奉　欽取　武英殿等宮寶珠龍頂涼暖火罩黃銅坯片火池鐵線肥皂掃帚幪金彩漆卓硃紅漆机子焙籠竹籮等件共八千二百六十七杠撥黃馬船六十一隻每隻裝一百三十五杠有零

一鰲山燈萬曆四十年起運一千七百五十碗并走線燈繩撥船二十六隻每船約裝六十七碗有零

一棕護衣萬曆四十年起運一百二十五塊撥船五隻每船裝二十五塊

一金榜紙萬曆四十三年起運一百三十萬張撥船四十八隻每船裝一百零二杠

一起蜜煎紫蘇三百六十四觔蜜煎脆梅三百九十觔紫蘇糕五十觔紫蘇銀錠五十觔紫蘇霜梅八十觔鹽梅八十觔潤鹽梅八十觔梅醬四百二十五觔糖紫蘇鹽梅一百五十觔醬薑三百二十五觔醋薑一百觔紅糟薑二百二十五觔細糟薑二百二十五觔醬楊菜一百二十觔紅糟楊菜一百二十觔細糟楊菜一百二十觔醬刀荳一百二十觔細糟刀荳一百二十觔以上共重四千一百八十九觔計五十二杠每船約裝七十石有零　嘉靖九年題准用船二隻　今撥黃船一隻馬船一隻

一起木樨花煎一百零五十觔薑絲煎一百九十五觔冬瓜煎一百一十觔李子煎一百八十觔杏子煎一百九十五觔花紅煎三十觔桃子煎五十觔梅子煎七十五觔蜜潤梅子煎八十觔蓼花煎梗子五千二百五十個圓蓼花梗一萬個白糖荔枝皮梗子七千個蓼花花子二斗五升酥油十觔通前連罈桶共重二千八十

觔計二十六杠每船約裝八石六斗　嘉靖九年題准用船二隻　今撥黃船一隻馬船一隻

一採打鰣魚　嘉靖三十一年題准每年撥六百料馬船二隻以三個月爲限　萬曆十一等年頭二起加添鰣魚添撥船一隻　今撥船三隻

一採打鱘鰉魚　嘉靖三十一年題准每年撥六百料馬船一隻以四個月爲限今撥船一隻

司苑局五起

一起荸薺七十簍每簍連泥四十三觔共該三千零十觔刀荳種五簍該二石四斗二項其作三十三杠每船約裝十三石六斗　嘉靖九年題准用船二隻　今撥黃船一隻馬船一隻

一起苗薑一百四十簍每簍連泥五十觔共該七千觔生薑四十簍每簍二十五觔共該一千觔二項共計一百杠約重六十六石零　嘉靖九年題准用船三隻今起運苗薑等物一百一十杠撥馬快船三隻

一起種薑芋妳菜種等物一百五簍每簍連泥五十觔共重五千二百五十觔計五十二杠每船約裝二十一石零　嘉靖九年題准用船二隻　今起運一百零五杠撥馬快船二隻

一起藕鮮一千四百四十枝連泥共作四十八杠每船約裝十石七斗　嘉靖九年題准用船三隻　今起運八十杠撥黄船一隻馬快船二隻

一起十樣果香橙等物約計六千觔共作七十五杠每船約裝二十五石　嘉靖九年題准用船三隻　今起運一百五十杠撥馬快船二隻

孝陵神宫監四起

一起鮮嫩薑二百簍每簍連泥八十觔計二百杠生薑四十簍每簍七十五觔計四杠蒜十簍每簍七十五觔計十杠蒜花三簍每簍五十五觔計三杠通前四項共作二百五十三杠每船約裝三十八石　嘉靖九年題准用船三隻　今起運一百一十杠撥馬快船三隻

一起栗子十簍每簍五十觔作十杠查子十簍每簍二十五觔作五杠銀杏三簍每

簍五十觔作三扛生薑四十三簍每簍七十觔作四十三扛芋苗三十九簍每簍七十觔作四十九扛山藥五簍每簍五十觔作五扛通共計一百一十五扛每船約裝三十一石零　嘉靖九年題准用船二隻　今起運一百二十簍撥馬快船二隻

一取用攝山窯磚瓦　嘉靖三十一年題准每年撥六百料馬船一隻今給銀三十兩自僱

一斫蘆柴撥船二隻　嘉靖九年題革

南京供用庫

一起香稻四千五百觔連籠篩簸共五十一扛每船約裝一十八石零　嘉靖九年題准用船二隻今由陸路

南京司禮監四起

一起　制帛每運五百段每二十五段作一廂約重五十觔共計二十扛　嘉靖九年題准用船三隻　嘉靖二十一年

欽取五百九十五段每二十五段作一杠每二十二杠用船一隻　萬曆四年添運　制
帛一千九百一十二段添撥船二隻　今起運三千零八段撥黃船一隻馬快船
三隻

一起　顯陵　制帛　嘉靖三十一年題准每年撥黃馬快船一隻　後運一十八
段撥六百料馬船一隻快船一隻　今撥黃馬船二隻

一畫匣板枋二起每起三百塊　嘉靖三十一年題准每四十三塊用快船一隻如
用平船可裝八十塊　今每運撥馬快平船四隻二運共船八隻

一起蕪湖印烙頭二起畫匣板枋每起三百塊　嘉靖三十一年題准每四十三塊
用馬船一隻如用平船可裝八十塊　今每運撥六百料馬船四隻二起共船八
隻

織染局二起春秋二運

龍衣并起各色紵絲紗羅綾每年二運每運多至三千四百餘疋每廂裝二十五疋作一
杠每船可裝四十杠　嘉靖九年題准約用船四隻　嘉靖三十一年題准四十

三杠用船一隻　隆慶六等年起運四千四百餘疋計二百八十一廂撥裝黄船
二隻馬快船七隻　萬曆十五年添運各色彩金紵絲紗羅絨線等件三百五十
疋段幅條斤裝盛三十二廂杠添小黄船一隻　萬曆十九年添造紵絲等件一
千七百六十九疋段幅條斤添撥馬船一隻　今春秋二運每運撥黄船四隻馬
快船七隻

印綬監

一起　誥命符驗等軸每運不過一千二百道每櫃可裝一百道約裝八石　嘉靖
九年題准用船一隻　隆慶六等年起運四十廂撥船二隻　萬曆十五年添運
一千八百道添船二隻　萬曆十九年添運
誥勅命三百道撥船一隻　萬曆四十二年起運二千四百道撥馬快船三隻以後每
八百道用船一隻

巾帽局

一起白稍麂皮三千張闊白苧布一千疋每皮二十張作一廂每布三十疋作一廂

共計一百八十三杠每船約裝二十六石　嘉靖九年題准用船四隻　嘉靖三十一年題准空廂應革皮張苧布照舊用船四隻　今起運苧布三千疋撥馬快船三隻

內官監七起

一起竹器家火黑扇骨簸箕醬蓬糞箕笊籬米籮米篩刷箒烘籃等物共計一萬八千觔作三百杠　嘉靖九年題准用船六隻　嘉靖三十一年題准每七十杠用船一隻二年起運一次　嘉靖四十一等年起運二百二十一杠撥馬快船五隻

今遞年解運撥馬快船五隻

一起坐取成造珠紅戧金雲龍膳卓銅器家火等件　嘉靖九年題准每年起運多寡不一難以拘定俱臨時驗裝每船一隻可裝五十五杠但前項銅鐵堅久之物今年年供用似爲枉費暫且停止候至缺用再行計造　嘉靖三十一年題准每九十杠用船一隻二年起運一次　隆慶二等年起運三千五百五十六杠撥裝黃船一隻馬快船三十六隻以後每九十杠裝船一隻計起運杠數多寡撥給

萬曆十三年起運四千一百一十杠撥黃馬快船四十六隻　萬曆十四年起至十八年止每年起運四千四百五十一杠撥黃馬快船四十九隻　今撥黃船二隻馬快船四十七隻議令四運完日仍照隆慶二年例行

一起楊梅四十五杠每杠八小簍連冰共重五十二觔每船止裝四石八斗有零　嘉靖九年題准用船四隻　今撥黃船一隻馬快船四隻

一起生漆銀硃桐油布疋金箔顏料等件　嘉靖三十一年題准每九十杠用船一隻係

欽取錢糧至今未運

起肥皂一十五萬觔鐵線五萬觔竹掃箒二萬五千把每八十觔作一杠共計一千四十二杠　嘉靖三十一年題准每九十杠用船一隻　今查係

欽取錢糧或數年起運一次如遇取討每一百二十杠用船一隻杠數多寡酌量撥給

一起杉楠楡檀木貓筆竹幷杉楠板枋等雜木二萬七千八百八十根塊其杉楠竹木找簰照例支給工費銀兩今撥板枋幷水手宿食繩纜及運官乘座共馬快平

船二十一隻

一起棕薦五百領或三二百領領數多寡不等　嘉靖三十八年每九十杠用船一隻　嘉靖四十二年每闊七丈七尺用船一隻　隆慶三年每九領用船一隻　隆慶四年每六丈六尺用船一隻　萬曆二年棕薦并銅器每九十九杠用船一隻　萬曆五年每七丈用船一隻　萬曆十年每九領用船一隻　萬曆十五年起運五百五十領每八領半用船一隻　萬曆四十年起運三百領撥船二十七隻每船裝十一領有零　司禮監

一起杉條五千根　隆慶二年本部奏改找䉶照例支給找䉶銀兩仍撥內官乘座并裝水手宿食繩纜馬快船四隻　今撥船四隻

一起季報每年用馬船一隻　嘉靖九年題革止給關文應付

御用監五起

一起水木樨花　嘉靖九年題准併入梧桐子船內

一起杉條五千根　隆慶二年本部奏改找䉶照例支給銀兩仍撥內官乘座并裝

水手宿食繩纜馬快船四隻　今撥馬快船四隻

一起杉楠板木八千五百九十四根塊　今撥船三十八隻

一起柏木板枋杉條　嘉靖三十一年題准每一百八十根用快船一隻如用平船可裝二百六十根久未起運

一件蕪湖印烙板枋　嘉靖三十一年題准每年撥六百料馬船一隻

針工局二起

一起空板櫃一千四百個　嘉靖三十一年題准每一百二十個用船一隻　三五年一次臨期計個數多寡撥給

一起冬衣三梭綿布大約一萬二千疋多寡不一　嘉靖九年題准每廂裝布三十疋作一杠每船裝五十五杠臨期照數驗裝　嘉靖三十一年題准每廂可裝四十疋作一杠每九十杠用船一隻久未起運

兵仗局

一起神器哈喇蠢袋等件　嘉靖三十一年題准每五十櫃用船一隻久未起運

供應機房

一起各色段疋一千六百疋　嘉靖九年題准用船七隻　嘉靖三十一年題准每廂裝二十五疋作一杠每四十五杠用船一隻今由陸路

戶部

一起解京銀兩　嘉靖三十一年題准每運多寡不等每十餘萬兩約用船一隻今改陸路

禮部

一起解樂器等件赴京　嘉靖三十一年題准每運裝快船一隻　今起運樂器絃線一十二杠撥快船一隻每三年一運今改陸路

工部七起

一起戧金硃紅大小膳盒共一千三百八十二架硃紅竹絲盒茶飯桶大單盒方廂蒸籠連椅水沿卓湯桶養性匣茶架銅荔枝帶行皂

御伏黃紅銷金油絹單袱以上各項器皿　嘉靖九年題准用快船十五隻　嘉靖三十

一年題准每三百六十件裝船一隻共撥馬快船十隻　萬曆三十四年起運一千三百七十五件撥船三隻　萬曆四十三年起運一千三百零三件查照近例每四百六十件裝船一隻每餘九十六件半給僱覓民船銀一十六兩

一起松木板枋二千六百塊　嘉靖三十一年題准每二百六十塊用平船一隻起運多寡不等臨時照例驗裝

一起咨開司苑局起運青貓筀竹一萬五千根　隆慶元年撥馬快船二十四隻十餘年起運一次

一起

欽取紫檀等木觀音等竹三千七百零六根段裝盛廂架共七百四十七杠　萬曆十三年議照番錫事例每二十五杠裝船一隻共撥馬快船三十隻　萬曆十五年起運花梨等木計六百六十一根段共六千一百六十六杠每十七根用船一隻撥裝馬快船三十九隻　萬曆十七年起運一百三十二段裝盛廂架杠索計一千五百九十六杠每十六根用船一隻撥裝馬快船八隻

一起銅錢　嘉靖三十一年題准每船裝一百零八櫃每櫃裝錢二萬文久未取

一起胖襖褲鞋多寡不等　嘉靖三十一年題准每一百五十八杠用船一隻十餘年取一次

一起盔甲　嘉靖三十一年題准每一百櫃用船一隻久未起運

太常寺八起

一起子鵝連食用稻穀　嘉靖九年題准用小黃船一隻

一起鮮笋連冰　嘉靖九年題准用小黃船一隻

一起青梅連冰　嘉靖九年題准用小黃船一隻

一起雪梨　嘉靖九年題准用小黃船一隻

一起菱白連泥　嘉靖九年題准用小黃船一隻

一起橙丁　嘉靖九年題准用小黃船一隻

一起柑子　嘉靖九年題准用小黃船一隻

一起甘蔗　以上八起萬曆十五等年題改陸路每差給盤費銀十兩

慶賀六起

一南京禮部差各部寺司官二員鴻臚光祿等衙門屬官一員進

長至　表箋　嘉靖三十一年題准每年撥馬船一隻近從陸路

一南京中府差指揮二員進

正旦　表箋　嘉靖三十一年題准每年撥馬船一隻近從陸路

一南京禮部差各部寺司官二員光祿鴻臚等衙門屬官一員進

正旦　表箋　嘉靖三十一年題准每年撥馬船一隻近從陸路

一南京五府侯伯進

萬壽表文　嘉靖三十一年題准每年撥馬船一隻

一南京六部堂上官進

萬壽表文　嘉靖三十一年題准每年撥馬船一隻

一南京中府差指揮二員進

長至　表箋　嘉靖三十一年題准每年撥馬船一隻近從陸路

雜差

一顯陵膳羞鹽五百觔　嘉靖三十一年題准每年撥馬快船三隻至今未運

一襄府關支食鹽三百引　嘉靖三十一年題准每年撥六百料馬船二隻今每隻

貼銀二十二兩五錢共銀四十五兩船免撥

一

潞府食鹽一千三百引　萬曆十七年據兩淮鹽運使司取討馬船十五隻今每隻貼銀

五十一兩二錢共銀七百六十八兩船免撥

一造脩完解京黃船五隻　嘉靖三十一年題准撥裝原來撑駕官軍宿食馬快船

二隻　今撥船二隻每五年一次

一供用庫奉御趙縉內官等監監丞等官崔樊等六員回京　嘉靖三十一年每員

撥船一隻後司禮監官員回京撥船二隻

一正一嗣教張眞人　朝賀及公侯伯奉

欽依回京各　王府册封祭葬等官　嘉靖三十一年題准各撥船一隻

一
欽取內臣各處進　貢方物高墻安置裝送血喪娶親鎮守巡歷回京喇嘛僧及赴　鳳
陽　承天
皇陵等處司香祭祀伴讀公幹等項　嘉靖三十一年題准臨期酌量撥給
一凡
欽取各項　上用錢糧等物并陞任侯伯內官等項取討船隻查有題例開載并經事例
稟堂定奪不在年例之內
一湖廣脩理
陵殿等處起取白墡等土　萬曆三十二年議定每船折銀十二兩五錢僱民船裝運工
部與本部各出一半
一
宮殿做造瑠璃磚瓦合用白土前去太平府白雲山裝運每五百石用大馬船一隻工完
停運

一北京差來奉御所官人匠等賫送南京　孝陵等處幔帳鋪陳等件并回還赭黃
紵絲等項錢糧廂杠及官匠隨身行李　萬曆十三年撥馬快船三隻　萬曆十
四年撥馬快船四隻久未取

一北京差來巾帽局內使二員　嘉靖三十一年題准每次撥六百料馬船二隻久
未取

一北京差來針工局內使二員　嘉靖三十一年題准每次撥六百料馬船二隻久
未取

一江浦縣牛犢一十八隻　嘉靖三十一年題准用船二隻久未取

一和州牛犢二十七隻　嘉靖三十一年題准用船三隻久未取

一新江口擺渡　嘉靖三十一年題准撥六百料馬船四隻每半年一換　今撥濟
川衛大馬船八隻每季一換

一江淮關擺渡　嘉靖三十一年題准撥六百料馬船四隻每半年一換　今撥江
淮衛大馬船八隻每季一換

一織染局龍衣板箱一千個扛索各一千條　嘉靖三十一年題准每七十個用船
一隻今查係
欽取錢糧或數年起運一次如遇取討俱照七十個用船一隻例計數多寡發給
備廳起運
欽取花盒伍百七十扛撥黄船一隻馬快船四隻
福府食鹽一千三百引萬曆四十三年據兩淮鹽運使司申稱取討船隻今比照
潞府事例每隻貼銀五十一兩二錢共銀七百六十八兩船隻免撥
一各差船隻除
欽取錢糧原無定限外共各衙門年例長短等差各照船政分司條議書册刻定號次一
江淮一濟川順序差撥并依歷年説
堂撥船日期查行
一春
龍衣每年十一月初二日説

一卷　都吏科　三三

堂十一月二十六日撥船

一春藕鮮每年十一月十九日說

堂十二月十八日撥船

一荸薺每年十二月初二日說

堂十二月二十四日撥船

一種姜芋苗每年正月初九日說

堂正月十八日撥船

一菜薹每年二月十二日說

堂二月十七日撥船

一畫匣板二起每年二月十二日說

堂二月十九日撥船

一大本每年三月十二日說

堂四月初六日撥船仍以錢糧完驗爲主

一膳盒每年二月二十二日說
堂三月初二日撥船
一鮮筍每年二月二十二日說
堂二月二十六日撥船
一雜木每年二月二十八日說
堂四月初六日撥船仍以錢糧驗完爲主
一枇杷每年三月初六日說
堂三月十二日撥船
一頭起鰣魚每年三月初九日說
堂三月十九日撥船
一新茶每年三月十二日說
堂三月二十二日撥船
一二起鰣魚每年三月十二日說

堂三月二十二日撥船

一司禮監杉條每年三月十六日說

堂四月初六日撥船仍以錢糧驗完爲主

一神帛每年三月十六日說

堂三月二十六日撥船

一苧布每年三月二十二日說

堂四月二十九日撥船

一御用監杉條每年三月二十六日說

堂五月初六日撥船仍以錢糧驗完爲主

一秋

龍衣每年三月二十九日說

堂四月二十日撥船

一糟筝每年四月十六日說

堂四月二十二日撥船
一司苑局苗薑每年四月十六日說
堂四月二十二日撥船
一楊梅每年四月十六日說
堂四月二十二日撥船
一神宮監苗姜每年四月十九日說
堂五月初八日撥船
一竹器每年五月初九日說
堂五月十六日撥船
一鰣魚乾每年五月十六日說
堂五月二十二日撥船
一秋藕每年六月十六日說
堂七月初八日撥船

一紫蘇糕每年六月十六日說
堂七月十六日撥船
一木樨花煎每年八月十九日說
堂八月二十六日撥船
一香橙每年八月十九日說
堂八月二十六日撥船
一姜果每年八月十九日說
堂八月二十六日撥船
一顯陵制帛每年九月二十九日說
堂十月二十二日撥船
一原無額數差
工部器皿　內官監銅器　宮人板枋　印綬監誥命
以上四差俱俟咨文到日酌量說

堂撥船

一間年飛差

針工局板櫃　青貓筆竹　金榜紙　顏料船

鐵線肥皂　棕薦船　織染局空箱　戧金盒

花梨木　胖衣船　番錫船　鐵器船

龍床船

以上十三差或三五年十年起運一次照來文數目酌量說　堂撥船

一萬曆三十二年該本司郎中陳大綬議得本部座船及大馬船差撥各地限期未
一不便稽考今將後開各地方遠近議定往迴限期如遇各甲差裝照限塡給依
期赴銷如違限一日追銀一錢計違限多寡扣算廡船不致延捱而各甲知警矣
具揭稟
堂奉批依限如違追究奉此今刋入職掌永爲定例

計開

儀徵鎮江蕪湖往迴限十五日

揚州太平往迴限二十日

高郵寶應往迴限二十五日

蘇州常州寧國安慶幷印烙板枋往迴限三十日

淮安浙江松江湖州嘉興池州往迴限四十日

鳳陽泗州徐州往迴限五十日

濟寧往迴限六十日

張秋東昌往迴限七十日

臨淸往迴限八十日

張家灣往迴限一百二十日

江西

九江南康往迴限五十日

南昌瑞州臨江饒州往迴限六十日

袁州吉安廣信撫州往迴限七十日
建昌往迴限八十日
贛州南安往迴限九十日

湖廣

黃州往迴限六十日
武昌漢陽往迴限七十日
寶慶岳州往迴限八十日
常德長沙往迴限九十日
荆州承天往迴限一百日
辰州往迴限一百一十日
衡州襄陽永州鄖陽往迴限一百二十日

一萬曆四十年該船政分司主事祁承㸁議得江濟二衛小甲船隻差裝錢糧赴京先年多有奸頑小甲中途棄船逃回或不赴北投到沿途攬裝私載及揑稱失風

失水等情以致本部缺船差用除將各甲重治究革外以後凡遇各甲差裝錢糧
赴北定以聯幫互結之法大概十船爲兩幫卽二三隻者亦自爲一幫每船票之
外另給總批一張各甲赴司領勘合之時卽與司批同領一齊到京投司守候完
日一齊同領回南務使往則同往回則同回萬一有意外之虞各船合力救援如
一甲犯法作奸同幫從公舉首到塢之日分別賞罰永爲遵守奉
堂批凡下人之欺上者雖在前後左右尙慮不免況差船遠出幾千里之外者乎
卽今欲議駕御之方無如連坐互結之法則必使利害休戚相共而後可以合渙
爲同揭中發明此意甚爲詳悉而至于嚴覈修造工程蠲除關津苛察皆爲喫緊
務要如此作用庶幾各甲在途猶其在塢其于船政不大有補助耶然非自今以
後着實舉行併將來任事者相信相依永久不變不能以臻大効也如議速行

一欽奉事萬曆三十年本部題爲家報中之傳
旨難澀額運外之索船難繼循職掌剖愚衷懇乞
聖明亟賜停止以杜矯託以甦財力事奉

聖旨這奏內取用花卉樹株原係欽傳如何寫作家書姑且不究今次着照數給與載運
前來以後如係欽取花木等件就着進貢官船順運前來以省擾費欽此欽遵卽
抄出轉行南京內守備廳一體遵照又萬曆四十年間該本部具題爲省費有
旨當遵傳奉無咨可據謹申前
旨乞停無益之運以重
綸音以塞耗竇事據南京內守備廳揭帖開稱本年九月初四日傳奉
聖旨着南京守備尋大栗果樹每年頭春分來進欽此隨該本部看得
欽命由北部而南從來定體以口傳爲據恐開矯託之門貢運自年例而外勢難漸增況
草木無用委屬不經之費自今
欽取非
明下之旨不得妄傳非北部之咨不得輕信貢
上非額內之供不得輕撥運船庶本部便于遵守而財用不致濫觴矣本年竟不撥船栗
木該廠遵照前　旨於各運船自行分帶永爲定例

一萬曆四十年間准北京兵部咨稱
福王之國所用船隻應照會典開載五百隻除馬快船先期到灣者二百二十六隻續到灣者四十二隻其餘速行整理選撥殷實小甲管駕二百五十隻仍責差的當員役督押前來隨該本部武庫司郎中帶管船政分司蔡　會同四司議將各差抵灣未回者俱聽兵部截留外其目今見撥各差等船七十七隻見裝鼇山燈船五十八隻俱改長差順齎裝運并在塢修完聽差船七十四隻三項共船二百一十隻卽委兩廠把總及管船千戶督令先行其餘尙該船四十船勒限修完續委押送仍移咨河道衙門逐程催趲先應行咨回部奉
堂批准移咨

竹木找簰

一南京司禮御用二監每年各起運杉條木赴京各撥船隻裝載隆慶二年本部題

准將杉條竹木找簰撑運本部年例差銀改爲找簰工料戶部行月糧銀改爲水手工食二監每年各起運杉條木五千根各找爲一十七簰各撥管運內臣乘座水手宿食等項馬快船四隻以上二項共計三十四簰每簰合用找簰繩纜什物工料銀六兩三錢看堆銀二兩共給銀二百八十二兩二錢于本司庫貯年例等銀內動支每簰合用撑駕水手三名每名工食銀七兩共給銀七百一十四兩于南京戶部行月糧銀內咨取過部通給各該管運內臣領回給散應用仍取該監印信領結附卷每簰縴夫一十三名

一內官監每年起運杉楠榆檀木貓筀竹井杉楠板枋等雜木二萬七千八百八十根塊赴京內板枋八百八十塊撥船裝載外其杉楠竹木找爲五十六簰　萬曆三十五年議減定五十八簰每簰縴夫一十三名其二費銀兩照竹木簰例支給

總庫管理

一萬曆六年本部題准車駕職方武庫三司歲收各項銀兩比照南京戶工二部錢糧事例總設一庫歲輪主事一員兼管該司官會同收放及行南京工部估計建造將各司見在銀兩移貯在內

一萬曆五年題准草場工料二差錢糧原不經手又無原定限期免考惟管理總庫一差與戶工二部事體相同照例考覈

一總庫惟武選司原無錢糧向未委管遇差滿呈堂批司務廳會同該司議于俸淺主事委管如主事員缺間于員外委管

一差滿之後劄委司務會同車駕職方武庫三司掌印官將差滿主事經手錢糧文卷交盤下手接管完日將盤過各項錢糧呈報

一接管主事交盤明白一應收支卷簿封固收掌以後各司錢糧查照題例會同三司郎中收放月終將收放過數目呈堂備照

一查盤年分各備造文册呈堂施行

一本部會同科道查盤於清議堂會案一應文卷各司手本呈遞畢將科道書算本

部三司書手封鎖在內查算仍候科道臨庫掣兌銀兩完日本部造冊奏繳

一庫子原係江濟二衛呈報人役萬曆三十四年裁定十二名分爲三班交代之日半月前該衛具揭到司呈堂着役

額收款目

一工料湖廣江西寧國安慶太平三府共銀八萬七百七十五兩零

一編丁　快船銀一萬五千兩正軍油艌銀等約一千餘兩　黃船銀二千三百兩駕軍歇役銀一百七十餘兩

一草場租銀一萬三千五百一十兩零

一蘆課銀一千七十八兩六錢零

一集場租銀一百六十八兩四錢五分

一上元等縣折色馬價銀共五千二百零八兩

一會同館馬價鋪陳　浙江銀三百八十三兩九錢九分　江西銀八十四兩　直隸應天等府共銀一千八百五十六兩三錢二分

一館夫鎮江府解銀七百零八兩

一椿頭老馬牛價銀多寡不等

一長差半差違限底心扣糧等銀多寡不等

額支款目

一馬快船造修銀　大馬船并黑樓船造修銀動支快船上料

一三百料進京船隻差銀動支工料

一六百料馬船并黑樓船差銀動支工料

一黃船添補工料銀軍頭工食差銀及太常寺路費該廠紙劄識件工食銀不等動編丁及歇役銀

一給馬驢頭并夫工食動原編銀　造脩鋪陳四五年一次動原編銀今查自萬曆三十一年將見在鋪陳變價貯庫至今並未置造

一收買騎操馬匹動支各縣折色馬價　役占水夫工食動工料

一職方司取操賞并家丁工食修造營舍　武庫司造軍器火藥俱動草場銀

一光祿寺買補牛隻動牛價銀

一江濟二衛三年一造官旗冊五年一造

御覽貼黃歸併等冊一年一造歲支冊各該工食俱動支工料銀

一萬曆三十七年間該本司署員外郎事主事周徐會同司務廳及四司公議五款銀兩取用數多其有每年寫本賫本及官旗文冊各項等費皆有部中緊要公務屬車駕者照刷卷工食例動集場屬武選者宜動本司清查衛地租銀不足補以集場銀屬武庫者動本司火藥剩銀不足車駕職方二司均補車駕動集場職方動地租至於本衙門及武學會同館相應移咨工部估修惟有本部到任陞任及本部四司官員硃墨紙劄燭炭及各役工食等項仍照舊動支五款其各役凡在

五款銀內支領工食者止許預支一季如來年春季定于本年十月初支餘皆倣
此不得過乞奉　堂批據議裒益適中五款漸可充用而堂司修理節省一款尤
中肯綮相與共守之自無濫費之弊餘照行

一萬曆四十三年間該本司署郎中事主事祁承㸁會同員外郎王志堅查議得錢
糧各有款項支放不容挪移本部之齎本寫本黃選會舉御覽貼黃官旗冊籍等
項皆爲公務已經三十七年間各司會議動支集場租銀已奉　堂批曆年遵行
訖但集場之所入每歲不過百餘金而前項諸費不啻倍之無以取給合無將集
場租銀并入草場租銀之內有餘不足一體通融支放一體登入查盤庶臨用不
至於挪移而支放亦不至于束手矣奉　堂批如議行

一萬曆四十五年間該本司署郎中事主事孫　看得五款不敷支用會同三司議
將修理工食提出改編正項一體查盤但修理一項原因支用無額故聽臨時酌
取一有鼎革輒費不貲今既改編正項相應置簿定額支取其各役工食應提出
者提出應照舊者照舊俱請刊入職掌以便遵守奉

堂批既覆議得中准照議行刻入職掌內修理置簿動支俱如議遵守

今將應動草場集場銀開後

一本部修理每年額支草場銀一百五十三兩七錢內 本部大堂修理每年額編銀三十六兩　兩堂火房修理每年額編銀十兩　正堂衙修理每年編銀二十四兩　右堂衙修理每年額編銀二十兩以上四項車駕司五分動草場銀職方司二分半動地租銀武庫司二分半動火藥餘銀除地租火藥外實動草場銀四十五兩　司務廳修理每年額編銀四兩　司務廳住宅修理每年額編銀九兩武選司修理每年額編銀八兩　督册分司修理每年額編銀四兩　武選司住宅二所每所每年額編修理銀九兩共銀十八兩　總庫修理每年額編銀八兩以上六項車駕司七分動草場銀職方司二分動地租銀除地租外實動草場銀三十五兩七錢　車駕司修理每年額編銀八兩　馬政分司修理每年額編銀四兩　船政分司修理每年額編銀四兩　草場分司弁衙修理每年額編銀十四兩　車駕司住宅三所每所每年額編修理銀九兩共銀二十七兩　四友齋修理每年額編銀四兩以上六項共銀六十一兩俱全動草場銀　軍器庫修理每年額編銀四兩　武學堂弁衙修理每年額編銀

十六兩以上二項車駕司六分勸草場銀武庫司四分勸火藥餘銀除火藥銀外實勸草場銀一十二兩
一直堂官三員每年共支廩糧銀三十二兩四錢有閏　右堂皂隸十三名每年共支
工食銀一百九兩二錢外班頭一名每年加添工食銀一兩七錢二分有閏　兩堂
長班六名每年共支工食銀六十兩七錢一分七厘六毫有閏　本部義勇八名每
年共支工食銀三十六兩　武選司衙書一名每年支工食銀七兩二錢　車駕
司刷卷書手工食銀十二兩三年一次　造册刷卷紙劄等銀四兩三年一次　車駕司皂
隸六名補支工食銀二十五兩九錢閏月加銀三兩　每年造辦公用曆日銀七兩閏月加銀
四錢一分　本部知印每年支硃封銀二兩四錢六分有閏　車駕司季報船隻每年四
次請勘合繳勘合馬政租銀管庫題知庫滿考劾各一次武選司襲替二次每次
寫本工食銀九錢揭帖銀四錢奏册銀二兩包本什物銀二錢五分每年該銀二
十兩五錢五厘如有加減臨時酌定　馬政分司皂隸六名補支工食銀二十五兩九錢閏月
加銀三錢　馬政科書手一名每年紙劄銀三兩六錢有閏　齎本盤費　本部較閱各
衙官員射藝給賞花紅　黃選紙劄等項　武舉會舉官生起選會試盤纏會試

中式官生牌匾　科舉考試監生飯食等項　中式監生花紅酒禮

今將應動五款銀開後（天啓七年十一月二十日奉堂批復議改入五款六項附開于後）

一本部堂上任例有公宴下程雨具傘轎等項銀五十兩零（武庫司酌定）　本部堂取送各司官陞任贐禮銀五兩　司務廳陞任到任例有公宴銀二兩　司務廳庫子每年茶果炭銀七兩二錢（有閏）　司務廳并四司官每員每年公費銀三十六兩（有閏）每員每年燭炭銀三兩　車駕司每年公用銀五十四兩九錢六分　車駕司郎中員外主事考滿陞任例有折席等銀七兩　每遇　皇鄉差江濟二衛千戶押解赴北各奬銀一兩并接濟船隻回南千戶四員各盤費銀六兩　本部丁憂官助喪并在役吏典衣棺　本部批賞幼官衙書長班班頭茶房等役父母病故助喪銀一兩　出給各項告示搭蓋蘆蓬（每次一二錢）　本部每遇刊刻一應書冊補修職掌紙張工食　車駕司五款書手一名每年工食銀三兩五錢紙劄銀三兩六錢（有閏）　每年　正旦　萬壽　冬至　本部司務廳及四司赴朝天宮習儀每次辦飯銀六錢（武庫司酌定）

一天啓三年該本司郎中汪秉元揭稱爲五款日縮支應不繼事照得五款一節原係追罰江濟二衛小甲未守違限及遭風底心等項銀兩卽有應追平日並無交納止候輪修撥差時陸續于差修銀内扣除名雖各甲之罰實係工料之餘此五款定例也頃因船隻冒修溢額近議三年一修則提修有額限且年例各差于去歲裁減三十餘隻則輪差有定規都非往日之可比夫以差修日減追罰自少而本部司每歲額支款目仍舊也以故遇有支放往往借給于工料草場等銀近一千二百兩有奇久未抵償見今應給者又無可設處日復一日匱乏已極該本職會同署管船政主事邵名世管理總庫主事洪敷教公議得五款不敷已非一日加以修差又減追罰有限與其終年借支莫償束手無策莫若分類改編實爲永便相應通查五款額支應入工料者提入工料應入草場者提入草場應入快丁者提入快丁其餘仍照舊編庶錢糧各有歸一而五款支應不致窘迫矣至于各甲凡有追罰銀兩舊例船司每月設有比較交納年來雖發衛代比未見起解合無今後行令各甲查照往例仍赴船司應比分別多寡定擬交納不得指扣官銀

以滋影射再照各甲差例長差一年短差半年各甲沿途攬載至有二三年不回
塢者違限日久概以遭風失火爲名告投失票希倖薄罰雖有彼處印照眞僞難
憑奸不可長此後合無議定短差半年以外長差一年以外告投失票者俱不准
銷計期追罰以杜奸弊其于五款亦不無少濟也等因具揭稟
堂奉批五款額支不敷借支無償委非長策今議改歸各項甚當其各甲追罰銀
兩船司仍照往例追比交納長短差議定限期違限告投失票者概不准銷仍計
期追罰悉如議行載入職掌永遠遵守

今將五款改歸各項銀數開後

工料分司每年紙劄銀三兩　硃墨銀十二兩　書手二名每年支工食銀十四
兩四錢　請印一名每年支工食銀三兩五錢　看司庫子一名每年支工食
銀三兩五錢

船政分司每年紙劄銀十兩　驗木辦飯銀三兩　書手四名每年支工食銀十
四兩四錢　皂隸六名每年支工食銀二十五兩九錢　請印一名每年支工

食銀三兩五錢

本部堂每遇齎　表赴京例有辭堂贐餞等項銀九十兩零盤費銀十兩　四司每遇齎　表赴京例有僱船銀三十五兩盤費銀十兩跟隨衙書長班皂隸三名各支盤費銀六兩共銀十八兩　每年終考覈船廠把總臨營較閱辦飯銀二兩一錢獎賞江濟二衞僉書指揮及委官銀十兩共銀十二兩一錢　江濟二衞指揮千百戶武舉官生上京會試作興銀三兩（三年一次）

以上共銀二百七十八兩三錢改入工料銀內動支

司務廳每年長班二名支工食銀十四兩四錢　庫子一名每年支工食銀七兩二錢

車駕司衙書一名每年支工食銀七兩二錢　長班一名每年支工食銀七兩二錢　看茶庫子一名每年支工食銀七兩二錢　皂隸一名每年支工食銀三兩五錢　催馬價等銀舍人四名每年支工食銀十兩（不催年分免支）

馬政分司衙書一名每年支工食銀七兩二錢　長班二名每年支工食銀十四

兩四錢　皂隸一名每年支工食銀三兩五錢　每年紙劄銀三兩六錢　看
馬辦飯銀三兩　聽事一名每年支工食銀三兩五錢
草場分司每年紙劄銀十兩　長班二名每年支工食銀十四兩四錢　皂隸六
名每年支工食銀二十五兩九錢
武選司買辦一名每年支工食銀三兩五錢
以上共銀一百四十五兩七錢改入草場銀內動支
船政分司每年終比較　黃快丁銀獎賞各衞指揮銀十五兩　每年查對　黃
快丁單識字工食銀一兩八錢比較丁銀簿紙張工食銀八錢二分四厘　編
審　黃快丁銀紙劄銀一兩五分十年一次
以上共銀一十八兩六錢七分四厘改入快丁銀內動支
以上二項通共銀四百四十二兩六錢七分四厘
一天啓六年該本司郎中周宇揭稱爲五款日乏舊借難還請乞酌議以便支放事
奉

本部批該管理總庫車駕淸吏司添註主事徐世蔭揭稱照得五款銀兩原係車駕司查扣江濟二衛小甲違限長差半差底心月糧洗改失票等項遇有差修卽便扣除近因各甲差減修少卽所扣不能供其所用職查自天啓元年管庫主事喬拱璧等節年借過正項銀二千有奇至今無從補償惟照五款銀兩額議應放

部堂到任什物轎傘公宴逐月公費并陞任賮賀等項及四司官公費燭炭陞遷賀禮車駕司公用兩廠把總委官搭篷紙劄并廠衛識字工食看廠茶菓等項支用每年計所出有倍於所入新收不繼舊借無還且各處仰給於此者又相續告支本職不能爲無米之炊若不及今酌議仍復借給日甚一日終屬未便合無除已前借放者作何抵補今續支者將何動給或查內有堪動正額者請乞批司酌議停妥庶錢糧不致挪借而庫藏得以肅淸矣等因奉批該司會同各司作速從長計議呈奪送司奉此遵依隨經會同司務廳并三司掌印官查得五款支用不敷挪借已非一日除陸續開銷外節經管庫主事喬拱璧丁啓睿洪敷敎邵名世劉國藩董允升徐世蔭自天啓元年十一月起至今止五載之內共借過庫貯

藤盔等銀二千餘兩至今無可抵償第照此項錢糧係扣追江濟二衛小甲違限
及遭風底心長差半差等銀有差卽有罰原無定額往歲船差不減追罰尙多僅
能支應如近年以來無論飛差絕少卽年例各差裁減過半因之追罰日縮夫所
入既少而費額仍舊無米難炊米無借支不可得矣以故天啓三年前任汪郎中
遂有改編之議業將額支數内提歸正項約計四百四十餘兩開載職掌彼時挪
借之數尙未能清又歷三年逋欠更溢竊恐錢糧支放不明究竟作何結局合無
再照前例將　堂司一切公用應支銀兩改入各項正額以銷歷年透支之數而
中有零星不應支用正項者照舊取支五款俟陸續追扣有餘補還前欠庶銷算
可明而挪借有漸消之日矣等因具揭稟
堂奉批既經會議停妥準載入職掌以濟五款之窮四司仍各署銜名入揭備照
一天啓七年十一月二十日該本司看得工料銀兩拖欠甚多近來支取不繼所有
三堂公用幷原議改編工料項下銀兩應合仍舊改入五款項下動支稟
堂奉批工料不敷安可動移卽有公費改入五款爲是卽載職掌永遵行之奉此

隨將原議六項仍舊改入五款項下其餘遵照原揭動支

今將原議動工料今復歸五款銀兩開後

一本部三堂公用銀每月共銀四十兩（遇空缺扣住不支）　本部堂及四司官公差陞任船隻裝送小甲支領差銀（照差分數給銀）　江濟二廠把總每員每案支督造官蓬幷心紅紙劄銀二十二兩　江濟二廠管船委官十員每員每案支搭蓬銀三兩　江濟二廠寫船識字十名每名每年支工食銀三兩五錢　江濟二廠識字八名每名每年支工食銀七兩

以上六項仍舊改于五款銀內動支

今將五款改歸各項銀兩開後

一本部三堂火房燭炭硃墨等銀每堂每年銀十九兩九錢　本部堂或署堂陞任考滿例有錦帳賀禮等銀（武庫司酌定）　本部正堂到任請勅使用實額銀六十兩（臨時酌定）　武庫司每年公用銀三十兩九錢六分　車駕司郎中員外主事上任例有公宴傘轎等銀十兩二錢一分　司務廳每年紙劄銀九兩九錢六

分印色硃墨紙劄等銀四兩二錢　車駕司寫說帖書手一名每年工食銀四兩八錢　武庫司取給各衛經歷在任病故助喪銀五兩或三兩

、以上八項改入草場銀內動支

一武選司取給各衛指揮千百戶運糧病故助喪銀一兩五錢

以上改入武選司旗役造册餘銀內動支

右五款之議緣近來差稀罰少以致出浮於入各項挪借積久無償不得已而議通融先後條陳奉

堂批允斟酌再四期於可守大都調劑而非變法惟是自後費用有度支剩不無歲終通算以續償挪借係司帑者之職即前揭中所謂追扣有餘補還前欠之說也相應發明以備覽覲駕部郎中周宇謹識

三關擺渡

一江淮新江口每年本部劄委江濟二衛雜　指揮各一員管理擺渡　浦子口民間自置小船委江北衛分雜差指揮一員管理一年滿日先期半月本司行衛取指揮或千戸官二員呈堂點委一員給劄行事

一各船擺渡本司編給稍牌輪日裝載渡錢聽從民便不許勒措

一萬曆三十四年議定擺江船戸劉淮等六名爲大船閔富等十名爲小船每月大船三隻小船五隻以供日間渡江之用餘大船三隻小船五隻備夜間差遣之用月終輪換周而復始如不時差多一併應役其劉淮原認工部每年料銀一錢二分大小二船分認一半

一三關擺渡職掌開載每年春秋二季本部本堂及內外守備衙門渡江閱操帶纜應用歷年通行在卷後因歸併西城各衙門渡江管渡官不便差撥隨于萬曆四十一年該本司郎中譚昌言查得擺渡一節事于本部職掌具揭呈　堂牌行西城查明具由歸併該關仍將新江關民間自監小船五十九隻江淮關二十四隻浦子口五十一隻俱印烙兵部差船火印每船給稍由一張豎立大牌一面止許

南北對渡不許東西借撥別差永爲定例

遞發科

起給勘合

一洪武初應付起給關文後改爲達字符驗嘉靖三十七年兵部題准盡革關文改設勘合編爲溫良恭儉讓五字號刋刻條例二本遵照應付萬曆三年吏科題准編爲大小勘合其大勘合另置長單隨同給發

一應付勘合塡給將盡具本題請兵部照號編發前來接用

一各衙門咨文揭帖到部起給勘合照例呈堂塡給其不合例額者立案不行

一內守備起運各項品物錢糧赴京俱要移咨兵部知會并塡寫大字勘合一道給付管運人員

一內守備差官往鎮江太平等處採取鰣魚鱘鱑魚并蕪湖印烙板枋及天寧洲砍割蘆柴起請勘合查照原議地方附近給發勘合五年更換一次每年止於初給勘合上用浮帖開寫印給近因勘合接用不敷或至十數年一換

一各衙門繳到大小勘合年終呈堂具本造册

奏繳遺下未繳者次年另繳

一各衙門起運進　貢等項錢糧并賫

表赴京撥有黃馬快船裝載者塡給夫單一張沿途取討拽船人夫每船上水二十名下水十名到京之日投銷兵部其冰鮮緊急等差本部酌量加夫餘不爲例

一嘉靖三十年本部題准今後內守備衙門但遇起運品物差使人員先期知會本部公同愼選廉靜守法之人領運隨將經手人役姓名開報本司取具各役甘結方將夫單黏連與該船小甲同領前去交付運官赴南京兵科掛號給發回日註銷若內使留京許將原領夫單付經手人役赴科投驗如有未經銷繳者就于原領人役名下追究

一萬曆三年題准長單自起程至公幹地方俱令經過官司塡註供應數目於各項之下用印鈐蓋送使客親註對同二字季終查對違例者指名參處

一火牌本部及各衙門差人口糧二分以下馬四匹以下俱量給用將盡時移咨兵部印發

一廩米凡內外守備准該衙門文移各營都督准本部職方司付文俱說堂帖行會同館以到任之日爲始關支

一兩京堂上三品以上堂官遷轉在京者赴兵部在南京者赴南京兵部各告給勘合一道應付夫馬船隻廩給各至兩部投繳其四品以下不得援比

一外官管運錢糧到京病故者照故官事例眞給勘合應付回籍其中途病故者聽于所在衙門請給應付不許援例告擾

大小勘合則例

一溫字號

南京太常寺委官及

孝陵鳳陽陵戶墳戶社長香首禮生赴京關領香帛等物給大勘合官支廩給非官支口糧陸路驛驢各一頭水路站船帶香帛等物撥夫二名往迴應付

一良字號

南京堂上官幷侯伯進表或以公事赴京給大勘合支廩給應付雙馬站船人夫往迴應付

凡外官領勅如提學兵備之類前去到任給大勘合陸路雙馬水路站船俱到彼住止其新陞總兵參將在京領勅前去到任給大勘合支廩給陸路雙馬水路站船帶盔甲軍器量撥車輛到彼但支廩給其馬匹車輛住止以上各官中間雖係奉勅而不坐名及雖坐名而本官不在京親領者俱無應付

南京各監局差內官進貢等項給大勘合支廩給應付中等馬一匹水路

奏討馬快船隻准撥聽差馬船或快船一隻如有廂扛多者驗過量增裝送帶件當果戶
各項人役照例止許二名支口糧應付驛驢各一頭水路本官船內帶去往迴應
付南京光祿寺差署丞等官管進
薦新茶果給大勘合支廩給陸路中馬一匹水路站船驗扛撥夫南京工部差大使等官
齎
進年例端午蠅鞭支廩給帶作頭一名給小勘合不支米俱驛驢紅船往迴應付
南京守備六部科道等衙門差官舍吏承齎本奏事赴京給小勘合支口糧係官
支廩給應付驛驢各一頭往迴應付其員役少者止用火牌

一恭字號

南京欽天監差人齎奏天象進
御覽等曆給小勘合官支廩給天文生支口糧應付驛驢各一頭水路紅船
五府差官舍押解充軍犯人往雲貴遼東各邊遠等處各衛所交割給小勘合官
支廩給舍人支口糧應付驛驢紅船犯人不支米無脚力

一儉字號

各衙門見任病故官遺下家口俱不過十名口應付驛驢紅船靈柩撥車一輛裝送若係見任三品以上大臣病故給大勘合靈柩撥車輛人夫扛抬護送遺下夫人支廩給家口支口糧多不過二十名口應付驛驢紅船其各衙門歷事監生國子監監生倉官病故在京者給小勘合遺下家人准三名支口糧應付驢頭靈柩撥所車一輛裝送水路紅船　新選雲貴并川陝行都司所轄地方官員赴任俱不支米陸路應付驢頭車一輛水路紅船

四川行都司

建昌衛　寧番衛　越嶲衛　鹽井衛　會川衛

陝西行都司

甘州衛　肅州衛　山丹衛　永昌衛　涼州衛　鎮番衛　莊浪衛　西寧衛

一讓字號 係外夷番僧土官等差本部不用

一撥夫俱照衙門官品分別等第限定名數

撥夫二十名者

總兵及在京堂上衍聖公大眞人公侯駙馬伯五府都督

撥夫一十名者

太常寺少卿太僕寺光祿寺　鴻臚寺正少卿　尙寶司卿　郎中　員外郎

主事　給事中　御史　大理寺正副評事　南京部屬科道　大理寺

撥夫八名者

寺博士　中書　行人司正副行人　司務　尙寶司丞　太僕光祿鴻臚太

常等寺丞　五府經歷都事　部照磨　都察院經歷都事進士　錦衣衛奉

旨勘重事官

撥夫六名者

五經博士　院使　監正副

撥夫四名者

寺署正署丞　主簿典簿　序班

撥夫二名者

冠帶通事等

一年例

南京內守備差司禮等監織染局等各衙門太監等官進貢

上用各項錢糧赴京

南京供應機房差太監等官幷冠帶舍人管運織造

上用等用紵絲紗羅段疋等項各色花樣袍服赴京南京太常寺差贊禮郎等官管運

薦新子鵝等項共計七差

南京戶部差主事往江北管理倉場幷往杭州揚州淮安鈔關監收稅課

南京禮部輪該大九卿衙門堂上官每年齎進

萬壽表文幷司屬官齎捧每年

正旦冬節表文赴京及差主事往直隸和州印烙牛犢

南京工部每年差主事往蕪湖抽分及咨委太監等官管運宮人板枋　差大使
管解供應器皿及進端午節
上用蠅拂鞭子并蠟布包紙等件赴京　差堂長進赭黃線羅
南京府中輪該五府等衙門堂上官進
萬壽表文差屬官指揮進
正旦冬節表文併類進
表箋赴京
南京五府差官舍押解軍犯往各省軍衛所交割舊差官舍因萬曆十七年本部
奏准止差舍人
南京六部都察院大理寺科道等衙門差官吏承差齎歲報季報等本册赴京
南京光祿寺差署正等官進薦新茶品
應天府差陰陽生進用嫩姜并差檢校縣丞等官押解段疋并事例銀兩赴京
南京欽天監差監官及天文生齎奏天象并解年例曆殼及進

御覽晴雨錄并壬遁曆書赴京遇有緊急天象不時差奏
孝陵神宮監差冠帶舍人不時齎進收發淨軍本赴京
本部差主事往江北江南查點各衛所印信

一禁例

萬曆二年題准一切奉差人員經過鎮城者驛傳道將勘合身親查驗在直隸即撫按親驗果眞正無僞方准掛號沿途津要責之守巡各道驗發仍照本部該科事例即於勘合空白處印驗不用浮帖如有仍用浮帖者經過驛遞徑自塗抹

管運內使往往多索軍衛吹鼓軍牢軍夫以致軍衛疲憊萬曆六年本部題革不許違例另起軍牢軍夫

萬曆十五年南京兵科題准凡差遣吏承止許一人給馬一匹口糧一分非有齎送文册不許給馬二匹非係緊急事務不許濫行差遣非有公事而借行勘合火牌者其官使有分外騷擾者有司阿奉過費者吏承有分外需索者掛號官有徇情疎縱者據法參治　凡在外衙門差官解運錢糧并

皇木等項俱於原處領有扛解盤纏銀兩回還不許應付

馬快船管押內臣敢有將船甲拷吊者許南京內守備奏聞處治或南京科道官

劾奏其沿途科索許被害小甲到京奏訴

萬曆十九年北道御史題准凡奉差攜家道遠者應照恤刑之例在京親喪扶櫬

者應照故官之例其京職方面官員雖無勘合亦許借宿公館量給薪水不許藉

口新例嚴切故意抑勒仍令有司刊刻榜文張掛驛遞通行

一萬曆三十五年本司郎中陳大綬議得勘合會典之規甚嚴近日之濫已極年終

奏繳責有司存今六部大理寺衙門遵依會典應給勘合外其各衙門屢年差次

原有定額額外借差難於概從今通查各衙門每年差例開具呈堂轉行各衙門

以便查取如在額差之外借差者雖有咨取立案不行庶差有定例而法守畫一

年終奏繳不致太濫矣奉

堂批如議行

一萬曆四十年間該本司郎中孟習孔議得本部每歲

題請大小勘合火牌前來蓋酌量應付止足供
進貢齎捧及各衙門宮舍承差齎本解銀解册等差而止其餘部屬額差之外無他濫用
明例森嚴何敢軼越邇來咨取甚多用常不足蓋緣先年當事者偶一破例後遂
援引滋蔓其流莫遏即如各部迎接堂官向無此例查自萬曆三十六年本部量
給戶部舍人一次相沿至今實非令甲如此之類歲終奏繳甚不雅觀合無移咨
知會仍復舊例凡迎接堂官及私事差委請假借差等項不宜概請應付庶勘合
火牌足用而驛遞少甦再照本部設有堂牌以濟勘合之乏今將印過堂牌盡行
銷繳以後惟勘合偶乏之時每張說堂印發不得已而後用之不必存司以示可用
亦庶幾杜例外之索而汰濫觴之一端也奉
堂批准如議移咨已經移咨知會訖

前站廚役

一萬曆七年本部題准凡
進新品物等項錢糧所用前站經手若干名預於未討船之先該監局合用印信揭帖
到司行五城兵馬司備造花名文册申報仍設立差簿一扇其有差前站門領勘
合將經手錢糧到京交明回日本役仍赴部銷繳勘合夫單敢有不係親身擅自
倩人銷繳勘合者查出一併究處
一內官前站經手題准每月赴部點卯遇有差遣印給堂牌付小甲收執如有前站
經手班頭吹手人等故違
明旨撥置運官淩虐甲夫指稱使用科派銀錢者許本甲將被害情由及銀錢數目塡註
於各役名下差回之日赴部投銷以憑參送追給其內使家人違犯者卽塡前站
經手名下以憑坐究施行
一萬曆十五年議將前站經手投充水夫俱准入册每船撥入一名以便制馭
一萬曆十九年光祿寺題准每年貢運鮮筍菜薹櫻桃梅李枇杷紫蘇鰣魚等差前
後共三百餘杠計用夫六百餘名撥裝本差馬船水夫除小甲舵工外餘夫與廚

役相兼擡送

一光祿寺廚役跟隨運官管運品物例有口糧驢頭塡入運官勘合一體應付回南之日運官先後不齊各役不便仝行凡遇各役出差給付印信批照開具口糧驢頭數目令赴兵部告投分給小勘合應付回還

一進鮮各運官帶領園戶照例給與批照赴兵部告領小勘合回南

一南京吏部送到各布政司行移勘合外號簿公文轉發各省本司票行會同館傳遞前驛取領附卷

一萬曆四十二年間該管理船政主事祁承㸁議得前站經手沿途生事騷擾驛遞須應立法嚴禁其收補則聽查選于印司而移付於船政其有過則聽查革于船政而移付於印司其出差必有定限其開卯必有定期其投銷勘合必責以原塡姓名之正身其押運錢糧必責以同事人役之甘結但有騷擾驛遞需索船甲及途中生事者事發之日先提家屬監禁仍俟回日盡法參送究處除將見在崔試蕭堯鳳嚴究枷責呈

堂奉批據揭此輩情狀眞可痛恨車駕司覆議來看隨該本司郎中譚昌言看得前站之役例應行兵馬司選報誠實無過者充之然多屬市梟盤據慎選之條有名無實船政分司所議直是申明職掌查革慎選尤爲喫緊仍行五城兵馬司開報重互結嚴連坐而一切冒役私替者重處不貸覆奉

堂批崔試二名發城枷號一月完日仍各重責革役慎選之法仍行兵馬司選報取結有冒役私替者必究已經通行禁示隨刊示江淮廠門首永遠遵行

明南京車駕司職掌二卷

馬政科

操馬額數

國初額設

大教場馬三千五百五十八匹

小教場馬九百二十六匹

神機營馬二百一十八匹

新江口營馬一百四匹

浦子口營馬二百匹

一嘉靖十七年本部奏准添設池河新營馬一百五十匹

一隆慶四年新江口營議添馬四十六匹萬曆二十五年添設中營議添馬七十四

一萬曆二十一年六兵營議添馬二十五匹

見在額數

大教場馬一千三百六十四匹內撥出巡邏營馬五百六十四匹遊巡營馬五十匹

小教場馬九百零二匹內撥出巡邏營馬二百四十四匹遊巡營馬五十匹

神機營馬一百九十八匹

新江口營馬二百二十匹

浦子口營馬一百七十匹

池河新營馬一百四十八匹

巡邏營馬八百匹

外城遊巡馬一百匹俱係大小二營撥出。

點驗操馬

一每年四月各營馬匹下圩牧放本部咨行南京都察院委御史一員查點各營把衛總等官徑自具數開報

一每年春冬二季馬政司官會同兵科於小營點驗江南四營馬匹自四月初一日起照數分班存留操備支草料免牧放其餘牧放者住支草料至十月初一日進營仍支草料操備江北浦子口池河二營不會該科止聽馬政司官查點瘦損膘息分數報堂

一馬政分司每孟月初九日點大教場中營左營各馬十九日點右營馬二十九日點巡邏營中頭二東頭二外城遊巡各馬仲月初九日點小教場中營馬十九日點左營右營陸兵營各馬二十九日點神機營新江營巡邏營西頭二北頭二各馬季月十九日總點各營馬　江北池河浦子口二營劄委彼處守禦官按月點

視呈報

一每年春冬二季本部劄委司官一員前去江北浦子口池河二營查點操馬并應天衛種馬萬曆陸年題准委管理草場主事徑行點驗事完造册呈報

營官責成

一萬曆四十三年本部員外郎王志堅議得春秋二季買馬發營騎操近因領養失人以致倒損數多徒費公帑全無實用該職看得各坐營把衛總官管轄軍馬出其職掌而各官之盡職與否於此可見一斑查得船政草場冬委官年終例有奬戒稟　堂付武選司紀錄優劣合無比照事例容職於歲終通查各營官管下奉行有成效者并册報不實倒損數多者間摘一二稟　堂付職方司采擇黜陟奉

堂批如議照例速行

一萬曆四十三年本部員外郎王志堅議得各營册開領馬軍士責之識字管隊多

將堪領隱下盡用無賴抵塞此輩徒利草料領養未久頓成瘦瘠合無責成營官嚴諭各役務期從公選送必係有屋有丁方可入册如係遊食及曾經倒馬追樁未完者不得混送其江北軍士概不許送册內塡註識字管隊姓名如有走失重情責令均賠該管官仍於歲終議處奉

堂批凡養馬必僉點軍人然惟本營官嚴禁識字隊長賣富差貧之弊則所點領馬者必係有屋有丁頗有家事之人不至盡行侵尅馬草致馬羸瘦誠如該司所議自後務須置造簡便淸册明寫撥軍識字隊長姓名于上倘或仍前混將遊食棍徒併倒馬追樁未完併江北遠方軍人開報領馬者查出識字管隊重治其養馬軍卽時更換如是走失重情識字隊長均賠仍查該管營官于歲終說堂議處庶人心知所畏憚而諸法奉行矣

又議得軍士領馬多藉牧放爲名晝夜不收以致染疾或食踐他人苗稼致被收留告司而軍士尙有不知者合行各營凡官馬各製一小木牌懸於頷下刻定某哨某軍名字馬政司官不時巡察遇有散放發營解治各營官亦得時時點摘解其

尤者奉
堂批軍士養馬多藉牧放但牧放應于公界場所而不應擾害民間每到晚應卽收回而不應黑夜停留雨露之下以致馬多成疾誠如該司所議每馬着本營官督令馬軍置牌懸于本馬頷下刻定馬軍姓名以便官府稽查如有縱放民間場地併夜不收馬併馬不懸牌者均行責治庶幾不失收放成規

懲戒占用

一官軍將官馬走遞馱載等項及雇借與人者各問罪罰馬一匹　在京坐營管操內外官并把總以下官若將馬匹私占騎用及撥與人騎坐者五匹以下降一級以上降二級

一嘉靖八年本部題准通行南京守備等衙門并都督坐營等官各嚴禁下人不許占用官馬守備衙門或有舊例亦當定與匹數以後再有故違占用若係職官比

照坐營等官事例參問五匹以下降一級以上降二級係椽吏舍人等項比照官軍事例問罪罰馬一匹若占三匹以上者仍從重罰馬二匹各衙門有占恡阻撓者聽委官呈部及兵科各指實參奏

變賣老馬

一凡騎操馬匹原領者以承領日爲始買補者以印烙日爲始計在十五年外許賣銀納官另給其未及十五年而病者亦准賣仍追樁銀貼價買補會典

一萬曆十九年議定營馬烙痕平滿照會典明例重烙每歲馬政分司點驗重烙具數報堂

一每年春冬二季馬政廳會同兵科請小教場點視各營馬匹內有瘸瞎老弱不堪騎操者呈堂給馬商抵償

倒失追罰

一天順二年奏准各營騎操馬匹遇有倒死者告官相剝坐營官責限該軍朋合買補走失被盜一例追賠

一嘉靖三十一年議定各營官軍遇有馬匹倒死具告通狀到部送司查馬齒年責治牌行營衛查果病死准令相剝徑于本軍名下追肉臟銀夏月三錢冬月七錢春秋五錢解司貯庫聽候買馬支用

一正德二年該南京內外守備奏准各營領馬官軍免出朋合止令倒死馬匹官軍出辦樁頭銀兩送車駕司交收買馬

一嘉靖三十五年議定新領馬八歲以下領未一年倒死者從重追舊馬騎操至二十歲以上倒死者從輕追中間或有歷年久近減膘與不減膘等項俱酌等第數目於後

新領馬以領日之遠近追銀

凡領未及一年減臕四兩不減臕三兩五錢　三年之內減臕三兩不減臕二兩五錢　五年之內減臕二兩五錢不減臕二兩　六年至十年追銀一兩五錢　十一年至十五年追銀一兩　十五年以外每多一年遞減一錢　各官領馬加追銀一兩領至十五年以外量減四錢

轉領馬以馬齒之多寡追銀

凡十歲以下減臕二兩不減臕一兩五錢　十一歲至十五歲追銀一兩二錢　十六歲至二十歲追銀八錢　二十歲以外每多一歲遞減一錢　二十五歲以外追銀三錢　各官領馬加追五錢二十歲以外量減二錢

一各營管馬官名下官軍倒失馬匹比照京營事例如管隊官以一隊爲率內瘦損十五匹倒失至十四者罰俸一個月以上瘦損每十匹倒失每五匹遞加罰俸至三個月爲止不及數者量情發落各責令將瘦損者用心喂養臕壯倒失嚴限追補完足如下次點閘瘦損者仍前瘦損及數外又有瘦損者管隊官仍以十五匹

爲則把總等官以三十匹爲則遞加罰俸倒失者不曾完補及數外又有倒失管隊官以十匹爲則把總等官以二十匹爲則遞加罰俸俱至六個月爲止不及數者量情發落

一嘉靖九年題准新江口馬數太少比照大營營隊官分數爲率如各營以馬五十匹爲率內瘦損十五匹則是三分之一倒失十匹則是五分之一各罰俸一個月新江口以爲十匹爲率若瘦損三匹則是三分之一倒失二匹則是五分之一卽照前例各罰俸一個月以上照前遞加每年終馬政分司行各營將把總衛總及管隊官旗名下管馬倒失瘦損分數照例查明類總具揭呈堂施行

一條陳職掌因時興革以便官民事萬曆四十四年十二月十二日該本司郎中孫穀揭帖查覈各營倒馬太多者大教場把總文應魁衛總張問詩已經呈

堂移付職方司停薦戒飭在案續奉

堂批以後各年終馬匹倒死摘其最多者把總一人衛總一人應薦則降獎應獎則降平應平則降戒使之知警大小教場各自爲殿最不與他營較其神機等營

有馬者合江口江北各營較亦擇把總一人衛總一人以倒馬最多者照前例行之庶人知愛惜馬匹以自保功名此一段刻入職掌馬政內送司奉此已行各營申飭外每遇年終查覈分數除馬政分司報

堂分別罰俸戒飭奬賞外本部舉劾將領摘出倒馬太多者聽本司呈

堂移付職方司并知會巡視科道會議停薦行戒以示懲創永爲遵行

收買馬匹

一各營騎操馬匹有缺照例支銀買補完日行太僕寺印烙

一嘉靖三十一年本部題准南京各營騎操馬匹每年該用三百匹除上元等縣解馬九十七匹仍該二百零三匹審編馬戶買補隆慶二年南京兵科題准減馬八十三匹萬曆十一年本部題准在京買馬人戶悉行豁免前馬一百二十匹分派原解馬州縣收買起解每年各州縣所解連前九十七匹共馬二百一十七匹萬

曆十五年本部題准折色每匹徵銀三十兩解部每年召商買馬二百一十七匹發營騎操萬曆十七年本部題覆應天太平鎭江三府廣德一州各騎操馬匹每匹徵銀二十四兩解部收買如願解本色馬者聽從民便

上元縣馬一十八匹　江寧縣馬七匹　句容縣馬二十一匹　溧陽縣馬十九匹　溧水縣馬十六匹　高淳縣馬十二匹　江浦縣馬三匹　六合縣馬三匹　丹徒縣馬十七匹　丹陽縣馬十七匹　金壇縣馬十八匹　當塗縣馬二十匹　蕪湖縣馬八匹　繁昌縣馬四匹　建平縣馬十八匹　南陵縣馬十六匹如不解本色照例徵銀解部

一在京馬戶買補各營騎操馬匹報告到部管馬司官類總于驗馬廳照例驗估價値會同兵科覆驗引堂印記俵軍騎操劄付南京太僕寺委官印烙價銀照數案呈本部支給如有矮小不堪者不准收

一各縣馬匹解部管馬司官親自驗估以馬價一十八兩爲率內有不値官價者以見在馬作價若干餘于羣長名下照數追補價銀收貯湊解如馬匹矮小不堪者

請令羣長更換完日批迴送堂十發未解到者行文催納如馬百日限內有病發
保家寄養醫治日久不痊行令原解人役更換
一萬曆十六年議定商人十家連名甘結承認收買議定馬色齒歲尺寸膘息高下
定價十二兩起至十八兩止每年買馬二百一十七匹俱聽馬政分司驗收引堂
給價動支庫貯馬價銀其變賣馬動支椿肉老馬價銀
一萬曆三十二年議新收馬匹定辜限百日如限內疾病倒失者商人照例賠償
一各商各縣交到馬匹取各營賢能把總或衞總一員從旁看驗卽記某官全看醫
獸在册者臨時掣籤喚用
一軍人領馬之後有告馬疲病不堪者向令商人寄養今革去寄養凡領馬未及百
日告疲病者徑退還商人過期者不准
一萬曆三十四年議定每年額買馬二百一十七匹分爲春秋二季春季買馬一百
一十七匹秋季買馬一百匹春季各商預支銀一千兩馬限三月內全完秋季各
商預支銀八百兩馬限八月中全完春季完方支秋季銀兩馮到之日於驗估價

內先扣預支銀餘價找給

一萬曆三十三年議定每年除額買馬二百一十七匹外應變賣老馬各照時估價給商人折算如變賣十匹買補五匹買完之日找給貯庫老馬銀兩其逃故軍人遺下馬匹除領養未久齒年尚幼者照例給軍轉領如騎操十五年以外齒年二十三歲以外及殘疾瞎瘤者准別軍暫領留春冬變賣其應變賣馬匹押送外守備衙門退印以便退馬給商

一椿銀指掌簿每紙半葉前寫某軍該銀若干後空紙將雙月扣銀數日以次待塡自行衞日算起米一石者每月交銀一錢五分隻身者九九委官執簿赴比如願赴庫自交或全交者聽每雙月二十八日比較

一萬曆四十七年七月十六日該本司員外郎方道通揭帖爲稽覈馬商情弊敬陳末議以塞奸蠹事照得馬商每年春秋二季及附買變賣馬匹領銀貿市按期送驗收印估值找給價銀發還本商候僉軍人領養今該職清查歷年商交馬匹如四十五六年各商名下少者一匹二匹多者十餘匹商人有交軍士無領深惟其

故蓋緣各商交印馬匹陸續給軍領養尙有剩餘軍士未領而秋季馬又已送交其前屆剩下之馬在官不復稽查在商遂乘隱匿此弊實所由來也以後商人交收該季馬匹須查上季册內各商名下印馬給領已完與否有無剩存馬匹見在必候僉軍盡行領完方許准找本季馬價儻查上季印馬不存卽係侵匿弊端定將本季馬價扣除如此則按季稽覈前後無混有價卽有馬有馬必有軍法甚不煩而弊無所容其於馬政或所補禆矣具揭稟

堂奉批據呈各商隱匿驗過馬匹不行交軍將馬別賣放大膽異常如議嚴行追比如一月內不完該司卽將盛暉等七名枷號部前示衆仍拘家屬監追以後必軍盡行領完方許找領馬價仍刻入職掌遵行

收幫草料

一成化四年令官軍勇士有私賣官給草料致馬匹瘦損者巡緝官緝拏并買主送

問

一弘治三年奏准把總等官尅減馬匹草料者計贓滿貫發邊衛立功滿日就彼帶俸盜賣者發瞭哨買料豆十石以上者充軍　俱會典

一嘉靖三十一年題准各營馬匹除見居江北軍人盡令下圩外其餘分班各隨本營幷京城內外三條街等處與各官軍住居相近水草便利地方牧放其存操馬先年各營共留一千二百匹今照正德二年以前事例止留八百匹餘俱牧放

一各營官軍領養馬匹牧支草料本司牌行該衛查結到司類册案呈本部移咨南京戶部收支月大支草三十包料豆九斗月小支草二十九包料豆八斗七升江北住居馬軍每年四月初一日將馬渡過江北下圩牧放草料住支至十月初一日將馬渡回江南進營操備仍舊關支草料江南住居馬軍每年四月初一日爲始將馬分爲三班輪流一班在營操備將馬二班下圩牧放其馬匹下圩牧放之時總計六個月每班止以輪該操備者方支草料二個月其餘四個月不支草料至十月初一日通行進營操備馬匹草料全支各草料循環簿江南衛分每月十

八日赴司比較江北衛分每季終朔日赴比

一錦衣等衛巡捕官及五城兵馬司各差弓兵巡緝各營官軍不許將馬匹草料盜賣每月朔望日具巡緝過緣由甘結呈報

印烙字號

大教場馬印烙大字

小教場馬印烙小字

神機營馬印烙中字

新江口營馬印烙新字

浦子口營馬印烙正字

池河新營馬印烙新字

水陸兵營馬印烙兵字

巡邏營原係大營撥出仍用大字係小營撥出仍用小字

一萬曆四十三年本部員外郞王志堅議得每年印烙馬匹皆候太僕寺入京多與收馬日期不能相値且奸軍屆期多推托不赴至有收買數月未印者其印痕平滿舊規刱太僕寺重烙亦多不如期以致點驗之時難於稽考今照收買馬匹事例初用兵字小印卽行分別記註大營用眞兵字印小營用篆文兵字印　神機營用方腔兵字印新江營用圓腔兵字印巡邏營照舊用巡字印每遇點驗印跡不明卽行重烙其太僕印烙事例仍照舊行奉

堂批每歲太僕寺印馬自是應行職掌然亦未免往來遲緩且奸軍屆期多有推托違誤以故馬有已印者卽印文平滿未經重烙至有收買數月尙未經印者往往點驗之際任意挪借漫無可考誠如該司所議查照收買馬匹事例該司速將兵字小印分別如遇本馬印跡平滿照會典例重烙雖太僕一時未及而小印記跡常常明顯可免挪借之弊矣

供應牛隻

一國初令鳳廬揚三府并滁和二州應天六合縣民戶領養每牛一隻牛頭一丁貼戶九丁母牛二年科犢一隻俱南京太僕寺查管每年

神宮監光祿寺酒醋麪局擠乳拽磨等項所用牛隻呈部行寺于前牛內撥取解典牧所轉送應用若有患病瘦損無乳者退出該所喂養俟有膘息仍送應用供用倒死者送太平門外瘞埋退出該所死者告行相剝皮張該所類奏送南京工部轉解該庫交收孳生牛犢并賠償牛隻三年一次印馬御史赴南京御馬監關領牛字火印二把督同各府官算各衙門該用之數照依印烙聽用多餘者變賣價銀該府類解本部發寺買馬支用

一嘉靖七年奏准南京光祿寺等衙門供應牛隻犍牛一隻折銀六兩乳牛連犢折銀五兩繭角牛折銀五兩各令養牛人賫解南京兵部轉發光祿寺衙門召商收

買及臨時擇買應用

一嘉靖九年題准每年會派牛隻除

孝陵神宮監犍牛三隻照舊外其餘量減乳牛司牲司派六十隻珍羞署派五十四隻良醞署派四隻供用庫派八隻酒醋麪局派十隻其司牲司珍羞署除歲解新牛之外仍于舊牛內每年揀選膘壯有犢有乳者司牲司存留三十隻珍羞署存留二十六隻以防取乳缺用該派牛隻照依本部議定每犍牛一隻價銀六兩乳牛壹隻連犢五兩行令各府州縣養牛人戶出辦解部轉發光祿寺等衙門召商收買應用其各司署庫局養牛軍廚所領牛隻倒死者照操軍倒死官馬追納樁頭事例量從輕減在半年之內倒死者每隻罰銀一兩一年之內倒死者罰銀五錢若有侵尅草料者以監守自盜論

一光祿寺等衙門原額供應牛隻凡遇缺少移文到司案呈本部劄付南京太僕寺行屬照例派價解部轉發各衙門買補倒死者照例埋瘞典牧所領養倒死者照例相剝皮角解收每隻罰銀三錢解司收貯聽候缺牛支用有告願賠補者行所

照案賠補

會同科

館馬徵派

國初改南京公館爲會同館設大使一員

一上馬二十五匹每匹徵解銀四十二兩內除鋪陳銀五兩貯庫每名實給銀三十七兩　中馬十三匹每匹徵解銀三十八兩內除鋪陳銀四兩貯庫每名實給銀三十四兩　下馬柒匹每匹徵解銀三十五兩三錢三分內除鋪陳銀三兩三錢三分貯庫每名實給銀三十二兩　驢二十五頭每頭徵解銀二十一兩內除鋪陳銀一兩五錢貯庫每名實給銀十九兩五錢

一萬曆三十一年議定馬驢頭閏月工食共該銀一百七十三兩二錢七厘六毫各

府縣編解銀一百三兩二錢五分于庫貯鋪陳銀添補六十九兩五分七厘六毫

一體支領

一萬曆三十一年議見在鋪陳十六付變價銀三十六兩九錢六分貯庫如緊急公

務于貯庫銀發館買用

一萬曆三十一年題將句容縣應解蘇常兵餉銀內扣留四百九十九兩三錢二分

解部以抵蘇州府應解馬價又扣留一百零五兩解部以抵蘇州府應解鳳陽王

莊等驛馬價該兵部覆奉

聖旨是欽此欽遵

一萬曆三十八年本司員外郎鄒志隆議將驢二十五頭內改騾一十五匹每匹加

銀四兩五錢共銀六十七兩五錢每年於原扣馬驢鋪陳銀內通融增給奉

堂批如議行

一萬曆四十一年本司郎中譚昌言議將各府州縣拖欠柴直馬驢價館夫工食銀

兩每年春初會同武庫司選差館內人役四名每名給工食銀五兩二名動支火

藥二名動支五款各先支三兩并給應付堂牌其二兩候
催完日找給仍取具認狀及甘結附卷奉
堂批如議行
一浙江安吉州下馬一匹解銀三十五兩三錢三分　孝豐縣上馬一匹解銀四十
二兩　烏程縣下馬一匹解銀三十五兩三錢三分　海寧縣中馬一匹下馬一
匹解銀七十三兩三錢三分　仁和縣上馬二匹中馬二匹解銀一百六十兩
嘉善縣中馬一匹解銀三十八兩
一江西宜春縣上馬二匹解銀八十四兩有閏加銀七兩
一直隸上元縣上馬三匹驢二頭解銀一百六十八兩有閏加銀十四兩　江寧縣
上馬一匹解銀四十二兩有閏加銀三兩五錢　句容縣驢貳頭解銀四十二兩
有閏加銀三兩五錢　溧陽縣驢二頭解銀四十二兩有閏加銀三兩五錢　溧
水縣中馬一匹驢八頭解銀二百六兩有閏加銀一十七兩一錢九分二厘　蘇
州府上馬四匹中馬五匹下馬四匹解銀四百九十九兩三錢二分　丹徒縣上

馬六匹解銀二百五十二兩有閏加銀二十一兩　丹陽縣上馬二匹解銀八十四兩有閏加銀七兩　宣城縣上馬一匹解銀四十二兩有閏加銀三兩五錢

寧國南陵二縣共中馬一匹解銀三十八兩有閏加銀三兩五錢　旌德縣涇縣二縣共中馬一匹解銀三十八兩有閏加銀三兩五錢　寧國縣上馬一匹中馬一匹驢六頭解銀二百六兩　泰興縣上馬一匹解銀四十二兩有閏加銀三兩五錢　臨淮縣驢三頭解銀六十三兩有閏加銀五兩二錢五分　鳳陽縣驢二頭解銀四十二兩有閏加銀三兩五錢　和州上馬一匹解銀五十兩有閏加銀四兩

館夫編設

一館夫五十九名係鎮江府一府編派丹徒縣二十三名丹陽縣十七名金壇縣十九名每名工食銀十二兩

一年終馬政司官詣該館點驗夫馬如馬驢瘦損者責令買換館夫老弱者革役募補

一萬曆三十五年各館夫閏月工食議于貯庫鋪陳銀內暫借五十九兩支給

力士科

校尉力士

一力士校尉保隨駕人數于民戶精壯無過犯體氣之人告充撥錦衣旗手等衛着役

一凡力士校尉守衛軍病故或老疾不能應當其子孫告替補者行衛查係在營生長册籍有名無違礙者具奏收役

一凡民人投充力士校尉行原籍查無違礙方准收役　凡人材不識字者改充力士校尉女戶

一校尉力士年老有疾者勘驗明白類咨兵部具奏放回照例僉補

一錦衣衛校尉力士及旗手衛力士補役暫替復役收妻并紀錄等項與軍事體相同一應替補釋放俱各照例施行仍照職方司軍役戶口文册事例五年一造年終本司查點一次

校尉原額九百八十二戶見在一百四十一戶

力士原額二百二十二戶見在一百一戶

供用庫抽分校尉十三戶

豬羊抽分校尉十九戶

韓憲王墳塋看守七戶

龍亭校尉七十二戶

鑾駕庫校尉六戶

神帛堂校尉四戶

孝陵巡山校尉二十戶見缺九戶

黄船力士一戶

龍亭力士一戶

大營寄操力士七十七戶

新江口寄操力士四戶

決囚力士六戶

本衛軍伴力士一戶

紀錄校力士四戶

未補力士七戶

守衛符驗

一凡各門守衛官員照依地方各領銅符收掌守衛

承天門領承字號

東安門領東字號

西安門領西字號
北安門領北字號俱陰文右比留守衛巡城官員領承字等四號銅符俱陽文左比
一凡守衛官遇巡城官到來將銅符比驗相同方許點閘
一凡各門守衛官遇夜各領令牌齎執巡警
午門領申字一號至四號
長安左右門及　東華門領申字五號至八號
西華門領申字九號至十二號
北安門領申字十三號至十六號
一凡
皇城每日輪都督一員帶刀千百戶一員領申字十七號令牌于內直宿仍點各門守
衛軍士
一凡內
皇城四圍二十八鋪設銅鈴二十八個每夜更初自　闕右門發鈴傳遞至　闕左門

第一鋪止次日納鈴于　闕右門夜遞如初

一凡外

皇城四圍七十二鋪設銅鈴七十二個每更初自　長安右門發鈴遞至　長安左門

止次日納鈴于　長安右門第一鋪夜遞如初

一凡

皇城四門設走更官八員于

內府給領簿籍每更各門官交互往來于簿上用印一顆爲信

東華門官南至　闕左門北至　玄武門

西華門官北至　玄武門南至　闕右門其三門官赴　東西華二門亦如之

守衛員額

一洪武二十八年設

皇城四門廚房恩軍爲守衞軍士造飯

承天門長安左門見在恩軍十九名管軍千戶九員百戶八員金吾前等四衞帶管

午門長安右門見在恩軍十九名管軍千戶六員百戶三員旗手等四衞帶管

左掖門見在恩軍六名管軍千戶四員百戶三員金吾左衞帶管

右掖門見在恩軍四名管軍千戶四員百戶一員羽林前衞帶管

東華門見在恩軍一名管軍千戶四員百戶三員羽林右等二衞帶管

東安門見在恩軍十名管軍千戶六員百戶二員府軍左等二衞帶管

西華門見在恩軍十九名管軍千戶五員百戶四員羽林右等二衞帶管

西安門見在恩軍十五名管軍千戶四員百戶四員府軍右等二衞帶管

玄武門見在恩軍十名管軍千戶七員百戶一員金吾後等二衞帶管

北安門見在恩軍十名管軍千戶五員百戶三員府軍後等二衞帶管

一成化四年革馬直官軍選精壯補宿衞

一

皇城各門於南京旗手等十三衛揀選精壯官軍分班輪守

原額守衛官二百三十五員帶刀官二十二員旗軍五千九百二十二名

見在守衛指揮四十四員管隊千戶五十六員百戶二十九員帶刀千戶十二員百戶七員旗軍二千五百六十七名

承天門長安左門府軍衛金吾前衛旗手衛虎賁左衛輪守

把總指揮九員守符指揮三員管隊千戶七員百戶八員帶刀千戶五員百戶二員旗軍三百五名

午門長安右門旗手衛虎賁左衛府軍衛金吾前衛輪守

把總指揮三員衛總指揮一員管隊千戶六員百戶三員帶刀千戶二員百戶二員旗軍三百一名

左掖門金吾左衛守

把總指揮二員管隊千戶四員百戶三員旗軍三十四名

右掖門羽林前衛守

把總指揮二員管隊千戶三員百戶一員旗軍二十六名

東華門羽林左衛府軍左衛輪守

把總指揮三員衛總指揮一員管隊千戶四員百戶三員帶刀千戶一員百戶一員旗軍三百八十四名

東安門府軍左衛羽林左衛輪守

把總指揮二員守正指揮一員衛總指揮一員管隊千戶六員百戶一員帶刀百戶一員旗軍三百一名

西華門羽林右衛府軍右衛輪守

把總指揮二員衛總指揮貳員管隊千戶五員百戶四員帶刀千戶二員旗軍二百八十三名金吾右衛軍八十四名

西安門府軍右衛羽林右衛輪守

把總指揮二員衛總指揮二員管隊千戶六員百戶三員旗軍三百四十八名

玄武門金吾後衛府軍後衛輪守

把總指揮二員衛總指揮二員管隊千戶八員帶刀千戶二員百戶一員旗軍三
百二十八名
北安門府軍後衛金吾後衛輪守
把總指揮二員衛總指揮二員管隊千戶五員百戶三員帶刀千戶一員旗軍二
百九十三名
一宣德三年令
皇城四門差御史一員往來巡警　天順元年添差給事中一員巡視各門
一成化十一年令留守衛官每日巡行各門點閘二次　弘治二年令留守衛官每
夜分行各門點閘二次　弘治十年令各門守衛官軍單日輪給事中雙日輪御
史及本部委官點閘
一凡
皇城各門輪班守衛官軍從本部委官及科道官不時點閘如牌面字樣模糊及盔甲
什物損壞行移南京工部給換堪修整者收發修整若有違犯照例參奏送問

一馬政分司初任堂劄查點一次以後隨便查點不到者究治

一官軍二班各置紙牌頭班于每月朔日二班于每月望日赴馬政分司標發該門收候查點其各門走更文簿各衛赴司禮監領出送部用堂印發各門官輪掌附寫官軍姓名填滿更換

一
皇城內外門禁本司置立循環文簿將各衛守直官軍分別舊管新收開除實在數目每逢朔望日期開報倒換稽查

一
皇城各門各鋪上直守衛該管官旗鈐束不嚴及容情故縱所管軍人離直點視不到十名以上者各杖一百指揮降千戶千戶降百戶衛鎮撫降所鎮撫百戶及所鎮撫各降總旗總旗降小旗小旗降軍俱調邊衛帶俸食糧差操若受財賣放者不分人贓多寡問罪亦照前降調其守留伍衛晝夜輪流點城官員但受財賣放者一體參問降調若止巡點不嚴以致軍士不全問罪還職其各該直宿官旗軍人

點視不到一二次者送問叄次以上者問發邊衛差操

一各衛直宿軍職使令上直軍人內官使令上直校尉各懸帶銅牌出百里之外營幹私事者參奏軍職降一級調邊遠衛分帶俸差操內官發充淨軍軍人校尉俱發邊衛充軍

官軍收補

一旗手等十三衛上直衛分官軍如官員有缺俱外守備衙門僉補或軍士老疾病故者許在册子孫弟姪替補年幼者紀錄

一凡戶丁告補役復役紀錄及收母妻糧者具通狀到司馬政分司呈堂行衛查明付職方司驗差分司驗發着役該衛具結收糧類咨戶部收支有母或有妻者食糧一石隻身者食糧六斗

一弘治二年令守衛官軍每直于各門內倉支直米五升

萬曆二年南京內守備等衙門題准本部會同巡視
皇城科道官將旗手等十三衞官軍逐一揀選老弱不堪卽令兒男戶丁替補如無戶
丁及年久事故數多者亦要從長計處務充足原額事完仍將揀選驗補過官軍
姓名具數繳報

一萬曆五年議定
皇城官軍通行旗手等一十三衞開立舊管新收開除實在戶口文册五年一次造報
送司事故者准照册查補在逃者許自首復役免罪年久事故并見在無丁者照
欽選事例選雜差項下旗軍頂補如改驗別差避重就輕卽令掣回守衞各衞造到戶口
文册行馬政分司收掌遇守衞軍人具告替補等項通狀到部查册相同者註明
替補不同者立案准收者行衞取官吏不扶印結移付驗差分司驗差按月咨行
南京戶部收幫月糧前項文卷三年一次送京畿道照刷

一萬曆十九年起例凡守直軍士有逃故等項令該衞卽具印信手本稟報註册類
咨戶部查照其關支口糧實支俱赴本司掛號用印給發支糧

明南京車駕司職掌三卷

草場科

草場沿革

一洪武二十三年令五軍都督府錦衣旗手虎賁左右興武鷹揚金吾前後羽林左右龍驤豹韜天策神策府軍前後左右等衛各置草場於江北湯泉滁州等處牧放馬匹　二十五年罷民間歲納馬草凡軍官馬令自養軍士馬令管軍官擇水草豐茂之所屯營牧放

一弘治九年令給事中御史并戶兵二部委官清查各衛草場有草未墾去處仍舊牧馬已墾成田者照畝收銀解送兵部轉發太僕寺寄庫聽候買馬以上俱會典

一嘉靖九年吏部等衙門會議草場租銀佃戶軍赴該衛民赴有司交納解部

一嘉靖三十一年題准各營教場幷京城內外三條街雞鳴山等場地俱係空閑與各軍住居相近宜將各營馬匹除見居江北軍人盡令下圩外其餘分爲三班內一班存留操備兩班各隨分定場地牧放每兩月一更至九月而周次年復始其銅井等處草場俱丈量明白召人佃種照例徵租在官以備買馬支用

一嘉靖二十五年本部題准頒降

勅書關防建立分司劄委本司主事一員管理南京錦衣等衛牧典二所幷直隸滁和二州江寧等縣及青沙壟紫沙洲牧馬草場田地督徵租銀解部貯庫以備買補各營馬匹及職方司歲支閱操犒賞銀牌花紅造修營舍幷都督等官家丁義兵工食及製造火藥等項支用

一

勅書

勅南京兵部車駕司官先該南京兵部題准南京地方草場事務積弊年久乞要專管查理庶幾事有責成已下該部議謂宜如所請今特命爾前去會同彼處屯田御史將草

場田畝查勘分定則例督徵租銀明白造報以憑稽驗一應事宜悉照原題及今勑內開載議處而行務期夙弊盡除裨益實用斯副委任之重其欽承之毋忽故敕

一草場原額三則上田租八分中田六分下田四分以後佃民朦朧止照下田輸納今次着實查勘分爲三則徵租開造文册永爲定規

一勢豪霸占草場開墾妄捏民田不納租銀或查出及被人首告卽將本犯從重究治改正輸納敢有奸民唆使捏告撫按衙門阻撓事權及衛所有司擅申抗違者查出參提究問

一先年題准租銀每歲限年終徵完如至次年正月不完將各衛州縣承差官住俸三月若因循違慢及聽受賄囑者六品以下徑自提問五品以上及軍職參奏應住俸者住俸應問罪者依律例發落

一除原種成熟田畝外其歇荒草場查明頃數相應動支官銀修築圩埂分畝召佃酌量俵給振武營統兵都督及把總等官養贍家丁并奇兵衣裝器械之用如有事故卽行告官改給敢有私兌盜與與受同罪營官參究治罪若分俵軍營數足

餘剩一體召佃其勢豪有揀擇强霸爲業者查出重治

一軍民之家佃種草場多餘未報及私先開墾者儘數首出改正六科量補近年額稅卽免本罪仍准給佃若仍前欺隱者許諸人首告查明治罪仍追數年花利田地還官就將原告給賞

一草場會勘旣明敢有妄捏奏告者立案究治其或統率多人阻當承佃人戶因而毆傷及擅打公差者各照本罪發落

一查明草場給佃之後備將畝數坐落地名四至界畔具造文册二本一繳本部一發各衛所州縣備照以杜挪移欺隱之弊以上俱係勅書

一每年終本司委官備將應徵銀兩分別各衛所州縣舊管新收開除實在數目造册其收過銀兩數目挨次年分備造清册奏報

一隆慶六年本部題准劄行管理草場主事會同屯田御史將各衛州所縣佃種軍民人戶應徵應免田地租銀查勘明白造册徵收仍換由票給佃戶收執每五年一次清造錦衣衛公用銀兩合用正項開呈裁酌歲終將支銷過數目造册送部

一每年水旱災傷七月內赴告者案候類勘過期者不准其准過災狀會同屯田御史委官踏勘造册回報比照屯田災免事例田地被災十分者免七分九分者免六分八分者免五分其餘以次遞免蘆洲山塘草地并被災三分者不免磨算災免實徵總撒數目攢造揭帖稟堂隨收各屬實徵花戶文册備照

一首告欹荒陞科批行各屬丈勘回報定擬則例年限起租

一各衛所州縣批解租課銀兩赴司掛號赴部投納勒限回銷

一每年徵收租銀選取各衛掌印僉書本年入輪屯運者行委徵收移付武選司知會

一衛所租銀分爲二限麥季完五分稻季完五分十月內全完者爲先期歲底完者爲及期歲裏不能完延至正月者爲愆期照例戒飭銀數如七百兩之上者爲上數四百兩之上者爲中數一百兩之上者爲下數上數先期完者行上獎獎銀一兩五錢中數先期完下數先期完上數及期完者行中獎獎銀一兩中數及期完下數及期完者亦行下獎及期者免戒

一更佃田畝承退人役各具狀告司批行衛所查明申詳印由發屬轉給田戶如佃田不及二十畝農具價銀不及四十兩者卽查由册相同印給號票類行該屬改册免行查勘

一萬曆四十二年主事王志堅議得草場分司一應詞訟批發州縣衛所者合通行知會止據情申覆不得成招情輕者責治示懲其中果有欺隱侵占等情法不容寬者參送法司如律問罪舊有紙贖盡行革去其每年書辦衙書皂隸總書工食除行衛動支田畝銀外應補給銀三兩九錢七分每遇閏月書辦等應補給銀三兩四錢又長班買辦共三名應補給銀八錢有災年分總書加工食銀六錢日費硃墨刷印等項公費照工料分司例每月動支銀一兩皆於馬政陞科租銀內動支奉

堂批據揭極是准悉照行

一天啓三年該本司管理草場主事蔡　查得各衛所租銀積欠最多自本司履任設法嚴催雖經陸續帶完第各衛舊欠數目部司所存者總綱耳中間在佃在官

漫無稽考將來日復一日保無侵欺之弊近本司盡數清查除州縣自有責成并牧馬典牧二所節年無欠俱不開外其錦衣旗手等衛俱令備造各年欠數某年係某官經徵識字某入承管佃戶某人欠銀若干簡明文册一樣二本一發該衛一存部司雖千餘年積逋難于一時盡楚顧此册一立使後之接管者按籍而查各衛完欠瞭然在目既可以杜日後之侵欺或就册中散戶點一二欠數最多者當面查審餅可以懲不肖衛弁之影射未必非清楚錢糧之一端也但行之一時未必永爲遵守相應刻入職掌自後本司任滿隨將舊欠簿册同

勅書關防一併交送庶各衛少知自勵而吏書亦無能上下其手矣稟

堂奉批欠簿交代書役自然斂手准如議行

一天啓三年該本司管理草場主事蔡　查得本部租銀其經徵自衛所者非署印衛官卽千百長也委自選司本部得稽其勤惰而殿最之至典牧一所則徵自提領大都其人皆貲郎視其缺爲金穴不一年報轉矣始也侵租銀爲營幹之資迨毛豐而皮盡稍緩焉卽遁去矣前如孫得通吳永泰皆囚服降首經年血比乃始

得清楚然與其嚴之於事後毋寧防之于未然本職自天啓二年立有內外租頭册各一扇每歲分爲十限每比則內外租頭執簿赴司某人名下完如額某人名下不及額當時賞罰而租頭可有辭于佃戶提領乃無辭于租頭每月三比八月起至十月而止額已完淨矣雖以部曹而問細佃似于體褻然一勞永逸無踰此法具其田腴而其戶又近京畿非若他衛所之遙而難至也計昨歲租銀獨典牧所早完欠此實其已試之成效也相應刊入職掌永爲遵守稟

堂奉批據議催徵有法租銀自完已試之效足垂永久准刊入册行

徵銀額例

一嘉靖三十一年淸查過草場田地每畝科銀上則八分中則六分下則四分山塘魚潫二分脚草自一厘起至一分五厘止租銀原額壹萬貳千伍百壹拾兩捌錢叁分新增租銀陸千柒百柒拾伍兩　三十九年本部題准四十年以後仍照舊

額徵收係新增者除免　續議各佃戶願告陞科者難以盡除止將量出多餘加陞科則者減免叁千壹百叁拾叁兩餘叁千陸百肆拾貳兩仍存留徵納并舊管租銀共壹萬陸千壹百捌兩

一萬曆十九年止原額租銀壹萬叁千伍百壹拾陸兩捌錢叁分伍厘貳毫貳絲陸微捌塵玖沙肆渺陸漠

一萬曆二十年起至三十四年終止共陞科銀貳百叁兩肆錢貳分捌厘伍絲壹忽陸微陸纖捌塵叁沙陸渺

一萬曆二十年起至三十四年終止共減則停荒坍江銀壹百柒拾柒兩捌分壹厘伍絲捌忽玖微壹纖肆塵玖沙陸渺

一萬曆十九年起至萬曆三十四年終止逐年陞減實在草場熟荒田地山塘溝埧水蕩荒草石山砂崗陸千伍百肆拾陸頃叁拾伍畝叁分玖厘陸絲壹忽貳微柒纖伍塵伍沙實徵租銀壹萬叁千伍百肆拾叁兩壹錢捌分貳厘捌毫貳絲貳忽玖微陸纖貳塵貳沙玖渺陸漠

錦衣衛熟荒田地塘壹百伍拾陸頃伍拾柒畝柒分陸厘貳毫陸絲柒忽肆微租銀
壹百肆拾壹兩五錢玖分陸厘陸毫伍絲貳忽貳微肆塵
旗手衛熟荒田地溝塘官港水脚草地貳百頃捌拾陸畝陸分伍厘柒毫貳絲伍忽
租銀貳百伍拾貳兩陸錢壹分肆厘伍毫玖絲陸忽肆微肆纖俱坐落江浦縣
金吾前衛熟荒田地溝塘伍百壹拾玖頃壹拾伍畝伍毫叁絲柒忽玖微貳纖租銀
叁百貳拾壹兩柒分伍厘捌毫伍絲玖忽肆微捌纖捌塵坐落來安幷當塗縣
金吾後衛熟荒田地貳百叁拾貳頃陸拾捌畝肆分叁厘柒毫壹絲貳忽租銀壹百
叁拾肆兩柒錢壹分叁厘玖毫貳忽坐落來安縣
府軍衛熟荒田地壹百玖拾陸頃玖拾貳畝叁分肆厘捌毫肆絲貳忽陸微租銀伍
百叁兩捌錢陸分捌厘玖毫伍忽叁微伍纖
府軍左衛熟荒田地貳百貳頃陸拾畝柒分肆厘玖毫貳絲伍微叁纖租銀伍百玖
兩陸分貳厘捌毫叁絲肆忽玖纖陸塵捌沙
府軍右衛熟荒田地山塘貳百伍頃貳拾伍畝壹分壹厘陸毫捌絲陸忽肆微叁纖

租銀伍百壹拾壹兩玖錢貳分貳厘叁毫陸絲肆忽陸微捌纖
府軍後衛熟荒田地山塘貳百柒拾壹頃肆拾柒畝玖分叁厘柒毫叁絲貳忽租銀
柒百玖拾捌兩貳錢陸分叁厘叁毫玖絲壹忽叁微
龍虎衛熟荒田地山塘貳百壹拾叁頃伍拾玖畝壹分貳厘玖毫壹絲租銀柒百伍
拾伍兩伍錢壹分貳毫肆絲捌忽玖微伍纖俱坐落六合縣
鷹揚衛熟荒田地池塘壹百叁拾頃壹拾伍畝叁分捌厘壹毫陸絲租銀叁百貳兩
肆錢叁分伍厘柒毫玖絲貳忽
天策衛熟荒田地山塘壹百貳拾捌頃捌拾伍畝貳分伍厘柒毫玖絲貳忽租銀壹
百玖拾叁兩壹錢伍分柒厘貳毫柒絲貳忽壹微貳纖
虎賁左衛熟荒田地塘叁百肆拾陸頃肆拾叁畝叁分捌厘陸毫柒絲叁微柒纖伍
塵各科不等共該租銀叁百捌拾兩捌分柒厘陸毫貳絲肆微伍纖壹塵肆沙玖
渺陸漠
興武衛熟荒田地脚草山塘水溝壹百伍拾伍頃壹拾畝陸分柒厘陸毫陸絲陸忽

貳微陸纖租銀叁百柒拾肆兩貳錢捌分壹厘肆毫壹絲伍忽陸微伍纖捌塵俱坐落和州

應天衛熟荒田地山洲伍百叁拾伍頃陸拾畝玖分肆毫玖絲租銀捌拾柒兩肆錢肆分玖厘捌毫伍絲捌忽

武德衛熟荒田地肆畝捌分伍厘租銀貳錢貳分肆厘伍毫伍絲俱坐落滁州

驍騎右衛熟荒田地塘埂叁百貳頃肆拾玖畝叁分壹厘捌毫捌絲伍忽伍微租銀玖百伍拾陸兩肆錢肆分伍厘壹毫柒忽伍微捌纖貳塵

龍驤衛熟荒田地貳百陸拾頃貳拾壹畝伍分肆厘玖毫肆絲捌忽柒微各科不等共該租銀叁百貳拾壹兩玖錢肆分捌厘貳絲

神策衛熟荒田地塘貳百壹拾肆頃柒拾肆畝玖厘貳毫貳絲貳忽捌微租銀貳百捌拾捌兩肆錢陸分壹厘貳毫叁絲捌忽柒微肆纖肆塵俱坐落全椒縣

虎賁右衛熟荒田地壹百柒拾叁頃玖拾柒畝壹分叁厘肆毫肆忽貳微玖纖伍塵租銀叁百貳拾陸兩柒錢壹分叁毫柒絲貳忽貳微伍纖坐落全椒縣並當塗縣

羽林左衛熟荒田地水溝河塢壹百捌拾頃捌拾壹畝叁分肆厘陸毫玖絲壹忽租銀肆百貳拾肆兩柒錢玖分叁厘伍毫伍絲貳忽柒微（坐落全椒縣）

羽林右衛熟荒田地壹百肆拾柒頃柒拾捌畝陸分玖厘陸毫壹絲柒忽壹微各科不等共該租銀伍百零貳兩玖錢柒分捌厘玖毫柒絲陸忽肆微壹纖（坐落全椒縣并蕪湖縣）

豹韜衛熟荒田地壹百肆拾伍頃柒拾柒畝伍厘玖毫捌絲租銀壹百叁拾貳兩伍錢叁分壹毫玖絲貳忽肆微捌纖（坐落含山縣并太平府）

英武衛熟荒田地捌頃貳拾貳畝玖分貳厘伍毫伍絲租銀貳兩玖錢捌分肆厘肆毫叁絲叁忽肆微（坐落定遠縣）

鎮南衛熟荒田地柳灘叁拾貳頃陸拾伍畝玖分捌厘捌毫壹絲叁忽玖微租銀壹百陸兩貳錢陸分叁厘陸毫伍絲柒忽伍纖

瀋陽左衛熟荒田地溝埂叁拾貳頃陸拾壹畝肆毫肆絲租銀捌拾柒兩伍錢陸分伍厘貳毫捌絲陸忽伍微（俱坐落銅井地方）

典牧所熟荒田地灘塘溝埂壹百壹拾玖頃伍拾玖畝玖分肆厘陸毫柒絲伍忽玖微租銀捌百壹兩陸錢叁分叁厘玖毫壹絲肆忽玖微叁纖（坐落江東門外）

牧馬所熟荒田地山塘荒草石山砂崗伍百捌拾肆頃肆拾玖畝陸分叁厘玖毫肆絲玖忽肆微貳纖伍塵伍沙租銀壹千伍百陸拾捌兩肆錢伍厘壹毫叁絲壹忽柒微捌纖（坐落太平門外）

建陽衞熟荒田地塘肆頃柒拾壹畝玖分捌厘陸毫貳絲肆忽叁微租銀壹拾柒兩壹錢捌分叁厘貳毫柒絲肆忽陸微捌纖（坐落當塗縣）

直隸滁州熟荒田地壹拾柒頃肆拾陸畝叁分貳厘捌毫叁絲玖忽玖微租銀肆拾柒兩壹錢柒分柒厘壹毫貳絲柒忽貳微

直隸和州熟荒田地水蕩貳百柒拾頃壹拾柒畝壹分肆厘貳毫叁絲玖忽租銀玖百伍拾肆兩肆錢玖分陸厘叁毫柒絲柒忽（俱坐落本州）

江寧縣熟荒田地壹拾畝貳分捌厘租銀叁錢捌分伍厘肆絲

江浦縣熟荒田地溝塘灘叁拾柒頃陸拾叁畝柒分玖厘陸毫貳絲伍忽陸微租銀

壹百貳拾柒兩貳錢玖分叁毫玖絲捌忽陸微壹纖捌塵
六合縣熟荒田地玖拾陸頃柒畝柒分肆厘陸毫壹絲壹忽租銀叁百玖拾肆兩陸錢肆厘伍毫壹忽玖微
當塗縣熟荒田地貳拾叁頃捌拾玖畝伍分柒厘壹絲伍毫租銀玖拾貳兩壹錢柒分玖厘伍毫叁絲陸忽
蕪湖縣熟荒田地貳拾玖頃壹拾柒畝捌厘陸毫壹忽租銀貳百貳拾叁兩玖錢陸分捌厘肆毫捌絲陸忽肆微
繁昌縣熟荒田地塘灘伍拾伍頃壹拾陸畝玖分玖厘肆毫肆絲叁忽柒微租銀貳百玖拾肆兩壹分貳厘伍毫貳絲玖忽柒微貳纖
全椒縣熟荒田地壹百柒拾壹頃陸拾陸畝柒分柒厘貳毫陸絲肆忽租銀伍百伍拾伍兩伍錢捌分陸厘捌毫捌絲肆忽
來安縣熟荒田地壹拾柒頃貳分玖厘壹毫陸忽陸微肆纖租銀叁拾兩壹錢柒分玖厘叁毫捌微捌纖

含山縣熟荒田地肆頃伍拾伍畝壹分肆塵肆毫租銀壹拾玖兩壹錢叁分肆厘壹毫玖絲（坐落本縣）

草場租銀額支款目

一每年湊買騎操馬匹約叁千玖百兩零

一各營春秋二季操賞等費共銀伍千伍百兩零

一各營提督員下及武操江標下家丁犒賞銀陸百捌拾兩零

一各營操練火藥銀玖百叁拾肆兩柒錢玖分

一各營坐營守禦把衞總等官丁劄油燭銀壹千貳百兩

一年終奬勵各營坐營把總等官銀貳百陸拾肆兩零

一各衞軍政指揮領奬勵及閱射箭賞等銀壹百柒拾兩零

一各營坐營官春秋二季廪糧銀柒拾貳兩捌錢

一浦子口比賞巡軍銀陸拾兩
一裏外城門把總等官支紙劄銀柒拾兩零
一大小等營提督員下支紙劄銀壹百貳拾兩零

蘆課租銀

一嘉靖十三年本部議准錦衣衛青沙壠紫沙洲蘆課等項每歲量扣留蘆柴伍千束在衛聽用其原額并量出熟地每畝科銀伍分荒地并李家湖滖每畝科銀肆分蘆場每畝科銀壹錢紫沙洲滖壹處科銀陸拾兩前項銀兩量留叁分之壹在衛明白支銷歲終造册送部驗查其餘銀兩通解本部貯庫湊買馬匹　萬曆九年又議准該衛革去僉書壹員公用銀再減半分止留半分在衛每年該銀壹百玖拾貳兩叁錢叁分貳厘
一嘉靖十四年錦衣衛青沙壠紫沙洲熟荒地魚滖草灘等地貳百玖拾叁頃伍畝

捌分陸厘貳毫玖絲玖忽捌微租課銀壹千肆百貳拾捌兩壹錢伍分捌厘肆毫玖絲肆忽玖微玖纖伍塵

一萬曆五年起至十七年止共除減則停荒坍江逃荒銀肆百叁拾叁兩玖錢陸分陸厘貳毫零共收陞科銀叁拾壹兩伍錢貳分零實在課銀壹千柒拾捌兩陸錢貳分伍厘內除本衛公用銀壹百玖拾貳兩叁錢叁分貳厘實徵銀捌百捌拾陸兩貳錢玖分叁厘前後總撒數目並不相同

一萬曆十九年起至三十四年終止熟荒地魚蕩草灘貳百柒拾叁頃捌拾陸畝叁分肆厘捌毫叁絲叁忽捌微玖纖租銀壹千壹百叁拾貳兩伍分壹厘玖毫壹絲伍忽叁微叁纖柒塵捌沙內除本衛公用銀壹百玖拾貳兩叁錢叁分壹厘玖毫陸絲玖忽捌微肆塵實解部銀玖百叁拾玖兩柒錢壹分玖厘玖毫肆絲伍忽伍微叁纖叁塵捌沙

火把場貳頃伍拾畝俱坐落繁昌縣

一萬曆二十三年起至三十四年終止共陞科銀捌兩貳錢壹分貳厘柒絲伍忽

一、萬曆二十一年減則銀捌錢壹分

集場租銀

一留守右等衛集場係六合等縣瓦梁等處鎭市人戶願首本部納租每年額徵銀壹百柒拾餘兩拾年壹次清給由帖其銀釐正公用

一萬曆十九年止實徵銀壹百陸拾捌兩肆錢伍分

一萬曆三十四年止實徵銀壹百伍拾玖兩柒錢肆分柒釐

一租銀各衛委官徵收每月朔日掌印指揮將查比過已完銀數塡註循環簿赴分司倒換其銀解部貯庫以備寫本工食齎本盤纏皂隸工食修理等項支用

留守右衛銀貳拾肆兩伍錢壹分

府軍衛銀壹拾貳兩伍錢

府軍左衛銀貳拾肆兩肆錢柒分伍釐

府軍右衛銀壹拾玖兩貳錢捌分捌厘
府軍後衛銀叁兩陸錢貳分捌厘
羽林右衛銀壹拾壹兩伍分
豹韜衛銀壹拾捌兩伍錢玖分陸厘
龍江右衛銀叁拾壹兩伍錢
横海衛銀壹拾壹兩
武德衛銀貳兩玖錢
金吾前衛銀叁錢

跋

南京兵部車駕司職掌三卷本司郎中呈堂編定爲祁承㸁考明史無祁承㸁傳而藝文志雜家類有祁承㸁國朝徵信錄二百十二卷淡生堂餘苑六百四卷今淡生堂書目尚存祁氏之著述收藏名在天壤本書爲官署事例之書原不假著作者之名字而傳亦不盡賴著者之有無高識絕學但以考古所必應傳之書又適存三百年來學林想望之淡生堂主人手澤此亦不可多得之遇也

明史藝文志史部職官類有俞汝爲南京兵部車駕司職掌八卷卷帙多寡不同俞志在前祁氏從後修訂蓋所分帙之法不同未必篇幅之一定大減也志於俞書之下列張大可南京錦衣衛志其上則李邦華南樞新志范景文南樞志蓋不以時代爲次而以六部之次爲次又由北而南由全部而一司兵部一司之志無前於俞書者今祁氏職掌作於萬曆四十三年其呈修職掌揭內稱本司職掌刻於三十四年今已十載則其前大約十年修一次尚是承平故事本書以後未必復修書中有天啓六年郎中周宇呈添事例崇

禎三年郎中陳祖訓呈添事例皆就本書中補葺爲之不能循十年一修故事矣

明職官志兵部車駕司掌鹵簿隊仗禁衞郵傳廄牧之事鹵簿隊仗繁重自在北都禁衞亦北嚴於南郵傳廄牧則因物質之關係南重於北蓋明代北方無牧地後雖恃貢市爲用貢馬有名無實市馬亦不可恃徒爲國家費帑項以縻强虜之計而已南直隸一省留出草場六百萬畝其規畫之大如此又舟楫之利在南方凡應差船舶須由南開北以輸貢北上而留供差用輪流番上是可知郵傳廄牧兩部分之職掌南且繁於北南部雖較北爲閒冗而車駕司獨不然故本書爲考明政事者所不可忽視也

祁承㸁事蹟見靜志居詩話其子彪佳明史有傳而傳首但言祖父世清白吏不標承㸁之名明史稿彪佳傳首乃云五世祖司員御史池州知府曾祖清陝西右布政使伯祖汝東兩淮鹽運使父承㸁江西右參政清史遺逸傳有祁班孫祁理孫皆彪佳子靜志居詩話後有祁駿佳祁豸佳則當是彪佳昆季承㸁字爾光山陰人萬曆甲辰進士有澹生堂集

二十二年四月將付刊以公諸世孟森題於北京大學研究院明清史料室

中華民國二十三年五月初版
（一二六六三）
國立北京大學研究院文史叢刊第三種 明南京車駕司職掌一冊
每冊定價大洋捌角
外埠酌加運費匯費

編輯者 祁承㸁
發行人 王雲五 上海河南路
印刷所 商務印書館 上海河南路
發行所 商務印書館 上海及各埠
（本書校對者 周志立 朱廣福）
B八三八